BERNARDO CABRAL
O CRONISTA

JÚLIO ANTONIO LOPES
Organização

BERNARDO CABRAL
O CRONISTA

Artigos publicados no jornal A *Crítica*,
de manaus/am, entre os anos de 2008 e 2012

Copyright © 2013 Bernardo Cabral

EDITOR
José Mario Pereira

EDITORA ASSISTENTE
Christine Ajuz

CAPA
Julio Moreira

DIAGRAMAÇÃO
Arte das Letras

CIP-BRASIL. CATALOGAÇÃO-NA-FONTE
SINDICATO NACIONAL DOS EDITORES DE LIVROS, RJ

B444

Bernardo Cabral.
 O cronista / Julio Antonio Lopes, organização. – Rio de Janeiro: Topbooks, 2013.
 309 p.: 23 cm

 "Artigos publicados no jornal A Crítica, de Manaus/AM, entre os anos de 2008 e 2012"
 ISBN 978-85-7475-218-1

 1. Cabral, J. Bernardo (José Bernardo), 1932 –. 2. A Crítica (Jornal). 3. Crônica brasileira. I. Lopes, Julio Antonio.

13-1499.   CDD: 869.98
           CDU: 821.134.3(81)-8

              043333

TODOS OS DIREITOS RESERVADOS POR
Topbooks Editora e Distribuidora de Livros Ltda.
Rua Visconde de Inhaúma, 58 / gr. 203 – Centro
Rio de Janeiro – CEP: 20091-007
Telefax: (21) 2233-8718 e 2283-1039
E-mail: topbooks@topbooks.com.br
Visite o site da editora para mais informações
www.topbooks.com.br

Sumário

Prefácio – *Arnaldo Niskier* 15
Apresentação – *Cristina Calderaro Corrêa* 19
Um homem reto e superior – *Cláudio Chaves* 21
Dedicatória – *Júlio Antonio Lopes* 25

2008

A certeza da impunidade 29
O crime organizado: sequestro 30
Dom Quixote e a ética 32
Imprensa livre 34
Algemas 35
Amazônia: soberania 37
O princípio do acesso 38
1808 – 2008
    – I 40
    – II 41
    – III 42
    – IV 44
    – V 45
20 anos 46
A política e os políticos 48
As escolhas 49
O estudo da Amazonologia 50

"Criança não é de rua"
- I 52
- II 53
- III 55

Dia Nacional da Consciência Negra
- I 56
- II 58
- III 59

O dicionário da escravidão
- I 60
- II 62
- III 63

2009

O dicionário da escravidão (final) 67
Doutrinas políticas
- I 69
- II 70
- III 72
- IV 73
- V 75

Alexandria
- I 77
- II 78

Presidente da esperança 80
O centenário de Mário
- I 81
- II 83

Soberania e expansão territorial 84
Doutor honoris causa 86
Água: o ouro do século XXI
- I 88
- II 89

20 anos do STJ 91
Evasão escolar e vestibular
   – I 92
   – II 94
Lei de Imprensa: STF 96
Mudanças climáticas
   – I 97
   – II 99
   – III 100
   – IV 102
Dia de Portugal
   – I 104
   – II 105
   – III 107
   – IV 109
Euclydes da Cunha
   – I 110
   – II 112
   – III 114
   – IV 115
   – V 117
Defesa das instituições
   – I 118
   – II 120
STF – Antecedentes históricos
   – I 121
   – II 122
   – III 124
   – IV 126
Rui Barbosa: fragmentos
   – I 127
   – II 129
   – III 130

Ordem do Santo Sepulcro
- I 132
- II 134
- III 136
Copenhague: e agora?
- I 137
- II 139
Mestre Oyama 140
Miguel Torga
- I 142
- II 144
Natal 145
Contestação 147
A imprensa e a censura
- I 148
- II 150

2010

O ministério e eu
- I 155
- II 156
- III 158
Testemunhos e memória nº 2 160
O parlamentarismo
- I 161
- II 163
- III 164
- IV 166
- V 167
Água: terrível tráfico 169
O acesso ao Judiciário
- I 170
- II 172
- III 174

Aquífero na Amazônia 175
Joaquim Nabuco: minhas anotações
   – I 177
   – II 178
   – III 180
   – IV 181
   – V 183
   – VI 184
80 anos da OAB – o advogado e a ordem constitucional
   – I 186
   – II 187
   – III 189
   – IV 191
   – V 192
   – VI 194
   – VII 195
O poema de Rui 197
Reforma política
   – I 199
   – II 200
A CPMF: de novo? 202
A transição: Maquiavel
   – I 203
   – II 205
Pensamentos
   – I 206
   – II 208

2011

Pensamentos
   – III 213
   – IV 214
Jerusalém e Amman 216

Jordânia 217
Lincoln
   – I 219
   – II 221
Modernizar a justiça
   – I 222
   – II 224
Ingratidão 225
"A Cruz da Estrada" 227
Dia Mundial da Água 229
Alencar – o bravo! 230
Miniconstituinte ou Novo
   Pacto Constituinte 232
Professor Blanco
   – I 234
   – II 235
Dois ensinamentos e uma professora 236
A extradição de Battisti 238
Waldemar Pedrosa
   – I 240
   – II 241
Incentivos fiscais 243
O pescador e o pesquisador 245
Os caminhos da Nação 246
O sigilo oficial 248
Para inglês ver 250
Os vizinhos e o gênio 251
O Pacto Amazônico e o Calha Norte
   – I 253
   – II 254
Copa do Mundo: companhias aéreas 256
A OAB e o exame da Ordem
   – I 257
   – II 259
   – III 261

Essas coisinhas 262
Capistrano de Abreu 264
A quem aproveita? 265
VI Fórum Social Mundial 267
Arlindo Porto
   – I 269
   – II 270
As vitoriosas da PAZ 272
A corrida para o ano 2000
   – I 274
   – II 275
Padre Cícero e Juazeiro
   – I 277
   – II 279
   – III 280
Os assaltantes do erário 282
O prêmio 283
A censura 285
Novo Rio: o maior do mundo 287
Natal 288
2012 chegou e com ele a luta 290
Mensagens (I) 291
Mensagens 293

2012

O regime político-institucional da atual
   realidade brasileira 297
O arco-íris 298
Carnaval
   – I 300
   – II 301
Foro privilegiado: redução 302
Churchill
   – I 304
   – II 306

Prefácio

ARNALDO NISKIER*

Bernardo Cabral é dono de uma personalidade múltipla. Para admirá-lo, na plenitude, só mesmo tendo o privilégio do convívio, como é o nosso caso. Trata-se de uma amizade de mais de 30 anos, que conheceu a sua glória como político e homem de cultura, para ser também fiel quando o sol parecia ter se apagado, numa condenação injusta. Ele deu a volta por cima.

Este livro, que é uma homenagem aos seus 80 anos, abriga uma das suas virtudes de intelectual: o cronista de amplos méritos, oportuno e literalmente inspirado, num curioso amálgama, que soma o que escreve ao orador brilhante, sempre muito aplaudido em suas diversificadas intervenções.

Foi um dos heróis da Assembleia Nacional Constituinte. Por ele, como relator, passaram mais de 40 mil emendas, o que dá bem a dimensão do vulto do trabalho enfrentado. Com a inestimável ajuda de mitos políticos como Ulisses Guimarães, Tancredo Neves, Afonso Arinos e Mário Covas, entre outros, pôde reduzir de forma orgânica as contribuições a 2.500 artigos,

---

* Membro da Academia Brasileira de Letras.

para chegar aos 245 que compuseram a nossa primeira Constituição Cidadã.

Ao chegar à Câmara, em 1967, jamais poderia supor que a ele caberia uma posição ímpar na concretização da transição democrática, para viver na liberdade plena o Estado de Direito com que todos sonhamos. Era o destino traçado para o jovem amazonense, hoje uma figura notável da história do Brasil.

Ao ler as suas crônicas, delicio-me com o estilo cristalino que dá sentido aos testemunhos aqui expressos. E não posso me furtar a lhes contar um fato que passou pelos meus olhos. Nomeado por Tancredo Neves para ser ministro da Reforma Agrária, Bernardo Cabral compareceu ao jantar na sede de Brasília da revista *Manchete*, em que Adolpho Bloch e seus companheiros homenageariam o novo governo.

Sentou-se à mesa principal, como lhe foi determinado, mas surgiu uma figura do cerimonial para dizer que, há poucos momentos, Bernardo tinha sido trocado por Nelson Ribeiro na composição do ministério, e por essa razão ele deveria deixar o seu lugar à mesa. Coisas da política. Ao tomar conhecimento disso, acerquei-me dele e garanti, com a autoridade de diretor da casa, que ele não seria vítima daquela descortesia. Determinei que ficasse onde se encontrava, para desespero do intruso que dava ordens em nossa casa. Sei que ele nunca se esqueceu disso, mas foi merecedor da homenagem.

Há pouco, Bernardo Cabral, figura ilustre do Conselho Técnico da Confederação Nacional do Comércio de Bens, Serviços e Turismo, prestou um depoimento histórico, adornado por belíssimos apartes, a respeito do trabalho na Comissão da Constituinte, que deu ao Brasil, no dizer de Ulisses Guimarães, "uma Carta Magna com cheiro de amanhã."

É esse o advogado, o professor, o político, o escritor de amplos méritos, academicamente impecável, que devemos saudar, pelo que representa para a cena cultural brasileira. Este livro inspirado nos deixa a sensação de que, hoje, se faz justiça aos reconhecidos méritos de Bernardo Cabral.

Rio de Janeiro, 13 de agosto de 2012

Apresentação

CRISTINA CALDERARO CORRÊA*

Bernardo Cabral foi amigo de meu pai, Umberto Calderaro Filho, fundador de *A Crítica*. Eles foram contemporâneos, e Cabral trabalhou em *A Crítica* de carteira assinada, como jornalista, nos primeiros tempos.

Depois ganhou o mundo, exercendo a advocacia, atuando com grande destaque na política e representando e defendendo o seu país, especialmente o Amazonas, onde quer que estivesse. Devemos a ele – e aos seus pares no Congresso – a melhor e mais democrática Constituição que já tivemos.

Nós, aqui, devemos-lhe a prorrogação da Zona Franca de Manaus, fundamental para o desenvolvimento da região. Só isso já seria o bastante para colocá-lo num lugar especial dos grandes vultos nacionais.

Mas Cabral também é um homem bom, culto e ilustre, querido por todos. Cidadão do mundo. E tem ao seu lado uma mulher

---

* Vice-presidente do jornal *A Crítica* na apresentação à primeira edição deste livro (Editora da Amazônia, 2012).

de fibra e notável, dona Zuleide, a quem igualmente parabenizo, pois sei que ela tem participação em tudo isso.

Bernardo Cabral merece todas as homenagens, como essa coletânea de artigos que ele assina em sua segunda fase em *A Crítica*.

Um homem reto e superior

Cláudio Chaves[*]

Vinte e sete de março do ano de dois mil e doze, de São Ruperto – apóstolo dedicado à evangelização –, e, sob o signo de Áries regido por Marte, seria uma efeméride a mais no calendário não fosse essa data o momento comemorativo do octogésimo aniversário daquele que veio ao mundo filho dos imigrantes portugueses Cecília e Antônio e uma das inteligências mais lúcidas a serviço da nossa pátria – JOSÉ BERNARDO CABRAL.

Ele, que é um dos ícones do mundo das ciências jurídicas, recebe nos seus 80 anos de iluminada existência as homenagens e honrarias que faz por merecer, como prova do reconhecimento dos seus pares, das entidades e da sociedade.

Cabral, ainda em idade tenra, iniciou suas atividades profissionais como promotor público na hinterlândia amazônica (Itacoatiara/AM), passando à administração pública como chefe de polícia e secretário de Interior e Justiça do estado do Amazonas

---

[*] Membro da Academia Amazonense de Letras; presidente da Academia Amazonense de Medicina; ex-deputado federal; e benemérito da Academia Nacional de Medicina.

e a seguir às atividades parlamentares – deputado estadual (PTB/AM, 1963/66); deputado federal (MDB/AM, 1967, cassado pelo AI-5) deputado federal (PMDB/AM, 1987/90); e senador da República (PP/AM 1994 a 2002).

No período de março a outubro de 1990 emprestou sua sabedoria ao Executivo nacional como ministro da Justiça.

Em toda essa longa trajetória de cerca de doze lustros de vida pública, tem escrito páginas de bons serviços que se encontram indelevelmente registradas nos anais da história do Brasil contemporâneo, tanto pela grandeza dos feitos quanto pela forma como tem pautado suas ações, sempre pontuadas pela integridade, probidade, respeitabilidade, honradez e elegância.

Com a senhora Zuleide da Rocha Bernardo Cabral, dama inclusive no nome, construiu exemplar família – o filho Júlio, quatro netos e duas bisnetas.

Para registrar suas obras, o espaço de qualquer enciclopédia seria exíguo, porém uma, ou a mais importante delas, há de ser sempre evidenciada – a de ter sido o relator da atual Constituição brasileira, promulgada em 1988.

A Carta Magna de qualquer país que quer se impor verdadeiramente como nação tem que conter as garantias para o seu povo e a soberania do seu território, de modo a abranger os direitos difusos, tratar com especificidade e clareza e não dar margens a interpretações equivocadas ou polêmicas.

E isso é o que mostra a atual Constituição do Brasil, a quinta em cento e noventa anos de independência, um documento reconhecido na política internacional como modelo avançado, assemelhando-se às congêneres de países desenvolvidos e servindo de paradigma para outras nações que mais recentemente têm escrito suas leis fundamentais.

Por esse documento tão grandioso, todos os brasileiros, inclusive os das futuras gerações, hão de ser eternamente gratos a Bernardo Cabral por ter legado ao nosso país a ferramenta imperiosa ao seu desenvolvimento.

Por isso, quando uma pessoa faz do seu correr de vida um exemplo a ser seguido de servir, filosofar e fazer história, nada mais justo que o reconhecimento, os lauréis e as flores em vida.

A ele a merecida definição: UM HOMEM RETO E SUPERIOR.

Dedicatória

Júlio Antonio Lopes*

Este livro é composto por uma coletânea de artigos que Bernardo Cabral escreveu – e continua a escrever – para o jornal *A Crítica*, o de maior circulação no estado do Amazonas, no período compreendido entre 2008 e 2012, na página de Opinião, todos os domingos, repetindo a trajetória do início de sua carreira, quando militou no mesmo periódico.

Seus escritos são mais do que simples reflexões; configuram contribuição inestimável pela ponderação, pela experiência, pela lucidez e pela imensa cultura que deles defluem, para os grandes debates de sua terra natal, do país e do mundo. Ainda que hoje afastado da política, na qual amargou a injustiça da cassação pelo AI-5, mas em que também alcançou de forma épica os píncaros da glória ao eleger-se relator-geral da Constituição de 1988, Cabral desenvolve na tribuna jornalística, ele que é jornalista de origem, com o mesmo brilho, o papel que sempre desempenhou ao longo de sua trajetória: o de homem público reto, vocacionado para a defesa das causas justas, um exemplo e farol, enfim, para as novas gerações.

---

* Advogado e conselheiro da *Editora da Amazônia*.

Esta edição é comemorativa de seu aniversário natalício, entre tantas outras que seus milhares de amigos lhe irão proporcionar. Bernardo Cabral é daquelas pessoas que deveriam viver para sempre, se biologicamente para sempre fosse possível viver. Suas ideias e, mais do que isso, suas atitudes diante da vida jamais passarão. Muito ao contrário, tendem a eternizar-se na história, lugar reservado aos verdadeiros benfeitores da humanidade e aos heróis que a pátria conhece e sabe honrar.

O CRONISTA | 2008

A certeza da impunidade

O país vem assistindo – graças ao clamor da sociedade – a um espetáculo inimaginável tempos atrás, qual seja, os comentários que tomaram conta de todos os segmentos sobre a corrupção que atingiu os três poderes: Executivo, Legislativo e Judiciário.

A propósito, merece ser lembrado o famoso ensaio *Mirabeau ou o político*, de José Ortega y Gasset, o genial pensador espanhol. Naquela linguagem rica de beleza e significado, que até hoje faz o deleite daqueles que têm a felicidade de se dedicar à leitura de seus escritos, nesse precioso ensaio, o iluminado autor das *Meditações do Quixote* empreendeu, ou tentou empreender, a tarefa sem precedentes de traçar, com tintas fortes, os traços distintos do que para ele seriam os homens intelectuais e os homens políticos.

Imaginava ele poder estremar duas espécies, como se a natureza, rica e caprichosa, energizada pelos desígnios do Criador, não pudesse eleger alguns para cumular com as virtudes que o filósofo entendia irremediavelmente separadas.

O intelectual – afirmava o compatriota de Cervantes – não sente a necessidade da ação, de ser ocupado com coisa alguma, e isso é a sua glória e, talvez, a expressão da sua superioridade. O político, diversamente, deve ser o homem da ação, aquele que responde prontamente às necessidades do mundo circundante, aquele em que o primeiro impulso conduz ao fazer.

Daí o quadro atual bem diverso por que passa o Brasil, com as instituições caminhando para o descrédito, o desânimo e a desesperança, a motivar o grito, o protesto e a reprovação da sociedade.

Ora, é imprescindível que a sociedade demonstre a sua força – como já vem fazendo – ao clamar contra essa postura criminosa de apropriação indébita dos dinheiros públicos, solapadora das reservas cívicas de um povo, destruidora da essência da seriedade e ultrajadora daqueles que se preocupam com o engrandecimento da nação, antes que a mortalha da corrupção atinja os brios da soberania nacional.

Nesse sentido, é imperioso que se assegure ao nosso país um futuro sem os acessos e os golpes recidivos perpetrados por corruptos e corruptores, criando mecanismos que os conduzam à cadeia e, consequentemente, pondo um basta definitivo na chamada certeza da impunidade.

* * *

O CRIME ORGANIZADO: SEQUESTRO

Entre atônita e indignada a população brasileira em geral, e a dos grandes centros urbanos, em particular, assiste à escalada do crime organizado, mais precisamente da indústria do sequestro, sem que a sociedade civil e o Estado, aparentemente, demonstrem possuir meios capazes de enfrentar, com eficácia, essa nova forma de terrorismo.

Em sua modalidade mais simples, como todos sabemos, o sequestro é tratado, em termos jurídico-penais, como um delito comum, tipificado, entre outros, no capítulo dos crimes contra a liberdade individual, tendo como conduta realizadora do tipo o privar alguém de sua liberdade mediante sequesto ou cárcere privado.

Na modalidade mais grave, já agora no título dos crimes contra o patrimônio, e mais precisamente no capítulo do roubo e da extorsão, aparece esse ilícito associado à prática da extorsão, já que, nessa modalidade, ele é praticado com o fim de proporcionar, para o agente ou para outrem, qualquer vantagem, como condição ou preço do resgate.

Agora, infelizmente, vemos recrudescerem aquelas práticas delituosas, em escala de repetição e violência elevadas, com os chamados sequestros-relâmpagos acuando toda a sociedade.

Essa explosão da violência indica foros de epidemia nacional, principalmente pela incontida aceleração do uso e do tráfico de drogas ilícitas e acaba por se tornar uma constante companheira do cotidiano da população brasileira. O mais grave é que, banalizada, a violência passa a integrar o dia a dia da comunidade, que reage frequentemente através do isolamento.

Por isso mesmo me parece oportuno cogitar – é minha opinião – do alongamento dos prazos prescricionais, e, possivelmente, da extinção da prescrição retroativa, até porque é doloroso verificar que, enquanto tudo isso acontece, os criminosos transitam livremente pelas ruas. Vale dizer: é a vitória do crime organizado.

* * *

DOM QUIXOTE E A ÉTICA

Cervantes – Miguel de Cervantes (1547-1616), imperecível monumento da hispanidade – um dia voltara a Madri com as feridas da batalha de Lepanto (onde acabou por perder os movimentos da mão esquerda) e as angústias de um mundo tragediado. Ele mesmo, no seu universalmente conhecido *Dom Quixote de La Mancha*, tentara diluir a dúvida pertinaz de Sancho Pança, o amigo fiel, que encontra um elmo e acredita ser do rei mouro Mambrino. E a versão clarividente de dom Quixote é que o curioso objeto não era o elmo do monarca, mas a bacia de um fígaro. A transcendente intervenção sardônica de dom Quixote visava tão somente reduzir a uma dimensão exata a figura de um potentado efêmero, tão fugaz como as orgias do Paço.

Por outro lado, o seu debate contra os moinhos de vento significou a sua insurreição contra aquilo que, àquela altura, era o seu objetivo: atingir cinco itens – ética, moralidade, dignidade, justiça e direitos da cidadania.

A defesa desses postulados é a razão deste artigo, eis que o país passa por turbulências políticas, o que indica a necessidade de ser construída uma ponte de harmonia através do "rio" de certa desunião, de determinados desencontros, uma vez que a situação emergente não mais permite o fanatismo sectário, ou as provocações estéreis, ou a prepotência arbitrária. O momento é o da crítica construtiva, da participação sem adesismo condenável, da contribuição não só em criatividade, mas em solidariedade, a fim de ajudar o Brasil a não cair no poço escuro da apatia, do medo, do desânimo, do descrédito.

A nação precisa continuar empenhada em reencontrar os caminhos de sua grandeza. E para isso se faz necessário que nos voltemos todos para a sua reconstrução política, fincando raízes no subsolo da nossa nacionalidade, alcançando a sua estrutura econômica e política, pois um país só se mantém erguido nos braços da soberania do seu povo. E soberania não tem preço, por mais alto que seja o valor que por ela pretendam oferecer.

Dom Quixote fez tudo isso, além de formular um ideário de lutas em que acreditava, e por isso combateu a corrupção, a miséria, apostou na moralidade e na ética, que é a base de toda regra de convivência política. Demonstrava, às escâncaras, que sociedade sem ideias de impulsão nem capacidade de ação e opção é sociedade letárgica, mais vencida do que vencedora, já que a primeira condição de vitória de uma sociedade é a responsabilidade, e esta se mede pela dignidade tanto das ideias como das ações.

Escasseiam no Brasil de hoje cavaleiros com o espírito ético de dom Quixote.

(Este artigo é uma homenagem a Jefferson Péres, saudoso confrade da Academia Amazonense de Letras e colega no Senado Federal.)

* * *

IMPRENSA LIVRE

É preciso ter convivido – ou conviver – com as críticas e elogios que importantes veículos de comunicação do país fazem a determinados segmentos da sociedade para receber os elogios com humildade e como prova irretocável do dever cumprido e acolher as críticas como decorrência natural da atividade como homem público. Isso porque, em ambos os casos, nenhum brasileiro, jornalista ou não, jamais poderá se descuidar de que tem o direito inalienável de expressar livremente as suas ideias.

É bem verdade que, no ardor do trato da notícia, alguns jornais e jornalistas podem ter a tendência de transformar casos em causas, levados pela paixão – política, partidária, religiosa ou empresarial –, provocando, com isso, equívocos em sua obra e eventuais injustiças para com aqueles que foram alcançados por sua verrina.

No entanto, esses deslizes ocasionais, quando ocorrem, não podem ser invocados como instrumento de retaliação contra o arcabouço da imprensa brasileira, por meio de modificações legais, colocando em risco o conceito da liberdade de expressão.

Nenhum país será grande, nenhuma nação conseguirá se desenvolver ou viver em harmonia com seus cidadãos se não for protegida e estimulada por uma imprensa livre. Uma imprensa controlada pelo Estado ou pelas elites dominantes pode permitir a eclosão de não apenas uma, mas duas ou várias ditaduras numa mesma região.

Por motivos mais do que conhecidos, os governantes brasileiros – salvo raríssimas exceções – insistem em ver jornais e jornalistas como inimigos em potencial e não como aliados permanentes de seus programas administrativos.

Nesse passo, vale lembrar que sem a imprensa brasileira não teríamos uma nação brasileira, os nossos irmãos negros continuariam escravos no pelourinho e permaneceríamos um país atrelado ao obscurantismo.

A grande verdade é que uma nação cuja imprensa não é livre é uma nação na qual o medo prevalece sobre a esperança, o ódio subjuga o amor e a vida perde o ânimo de ser vivida.

* * *

ALGEMAS

No próximo dia 6 de agosto, o Supremo Tribunal Federal define, em grau de recurso, como esse instrumento (palavra oriunda do árabe – al-diamara – pulseira), que é de ferro para prender alguém pelos pulsos ou pelos tornozelos, deve ser usado. A questão se trava em derredor de seu uso indiscriminado de maneira abrangente, isto é, não apenas no momento da prisão de indiciados em inquéritos criminais – como ocorreu na recente operação Satiagraha –, mas também ao longo do julgamento, pelo Tribunal do Júri, de réus acusados de homicídio doloso.

Existe uma corrente jurídica que defende, no caso do júri, ser um "constrangimento ilegal", eis que permanecem no recinto policiais que garantem a segurança do julgamento, entendimento que não prosperou junto ao Superior Tribunal de

Justiça, que indeferiu, em grau de recurso, pedido nesse sentido, manifestado na sua decisão de que "o uso de algemas no plenário não caracteriza constrangimento", pois cabe ao juiz manter a ordem na sessão de julgamento, podendo, inclusive, requisitar força policial. Já no momento da prisão – de Daniel Dantas, Celso Pitta e Naji Nahas, entre outros investigados –, tanto o Superior Tribunal de Justiça quanto o Supremo Tribunal Federal têm jurisprudência firmada apenas no nível das Turmas. A discussão toma corpo quando se remete a matéria para o art. 5º, LVII, da Constituição Federal, quando adverte: "Ninguém será considerado culpado até o trânsito em julgado de sentença penal condenatória."

Por esse indicativo ponderam alguns que o uso de algemas não deve ser instituído como regra para os que estão submetidos à prisão temporária, uma vez que o Estado deve respeito à integridade física e moral dos presos. E outros, como recentemente decidiu o ministro Humberto Gomes de Barros, presidente do STJ, que "o ato não pode ser instrumento de constrangimento abusivo à integridade física ou moral do preso" (caso Salvatore Cacciola ao desembarcar no Rio), muito embora tenha reconhecido no seu despacho que o ato de algemar o preso é legítimo para garantir o cumprimento da diligência policial ou para preservar a segurança do preso, de terceiros ou das autoridades policiais.

Só resta aguardar a manifestação do Supremo Tribunal Federal.

* * *

AMAZÔNIA: SOBERANIA

De há muito venho alertando a nação – como tantos outros brasileiros – quanto aos riscos que ameaçam nossa soberania na região. Assim é que, travestidas das formas mais inocentes, organizações estrangeiras procuram estender seus tentáculos sobre a vastidão das suas terras, sobre sua descomunal riqueza mineral e biológica. Algumas missões de alegado cunho religioso ou científico representam, na verdade, estratégias para infiltração em nossas florestas, levantamento de nossas riquezas e sua futura exploração. Não é de hoje que planos como o Instituto Nacional da Hileia Amazônica e o projeto do Grande Lago Amazônico, do Hudson Institute, em 1967/1968, comportavam sérias ameaças à soberania nacional.

Mal ou bem, fosse por esforço próprio ou porque a conjuntura internacional nos favorecesse, resistimos a essas pressões: a Amazônia brasileira permanece sendo nossa. Ainda que precariamente, a região viu aumentar seu desenvolvimento e sua povoação; projetos internacionais de exploração econômica tiveram suas concessões anuladas, foram assimilados em condições aceitáveis ou foram, como o projeto Jari, nacionalizados; o desvio de riquezas para o exterior, que efetiva e lamentavelmente ocorreu, dentro ou às margens da lei, foi pequeno diante do imenso potencial amazônico inexplorado.

Perguntamo-nos, 40 anos decorridos, depois de tantas e tamanhas transformações por que passou o mundo, o Brasil e a região amazônica, se ainda subsistem ameaças à Amazônia brasileira vindas do exterior. A soberania nacional continua a correr riscos na região ou tal ideia já não é condizente com a realidade econômica e política do mundo e do país?

Se correr riscos é necessário, assim também afirmar de modo ativo a soberania da Amazônia. Não apenas com retórica, mas com ações concretas. Nesse sentido é imperioso promover um amplo processo de desenvolvimento da Amazônia que venha atender às necessidades de sua população e a cumprir o fabuloso potencial da região. E sobretudo, deixar bem claro que, de modo algum, nosso país abrirá mão de sua soberania sobre seu território amazônico.

* * *

O PRINCÍPIO DO ACESSO

É equivocado imaginar que será atingido um mínimo de eficácia do princípio do acesso ao Judiciário se não for dotado esse poder de aparelhos que permitam a entrega efetiva e tempestiva da prestação jurisdicional. Isso porque a superação do atual modelo urge, eis que no seu tecido já são numerosas as chagas de seu envelhecimento, e ela não será feita de forma ideal sem a participação da advocacia militante.

Sabe-se que a estrutura processual atual se presta a manobras legais – se justas ou não é questão que não nos pertine agora – impeditivas da consolidação de decisão judicial contrária aos interesses de alguns representados em juízo, e que a inexistência de vinculação propicia, nos processos de massa, um mercado atraente à advocacia.

A questão central, no entanto, deve ser posta: pesados os prós e os contras, considerando a morosidade em que se encerrar a demanda, e ser remunerada pela sua atuação profissional, em que medida exatamente interessa à advocacia a manutenção do modelo? Quando cada profissional recebe um cliente e, dele, uma procuração assinada, quanto tempo depois de iniciados os seus trabalhos profissionais verá a lide atingir o seu final? Enfim, a utilização habilidosa das leis e possibilidades processuais com finalidades não impulsionadoras do processo servem a quem?

A interpretação da Constituição deve ser dirigida, entre outros, pelo princípio da máxima efetividade, e, na realidade brasileira vigente – consideradas as estruturas do Poder Judiciário e a legislação processual –, está esvaziado o princípio do amplo acesso à jurisdição, tanto pela distância física do jurisdicionado do prestador da jurisdição, quanto pela impossibilidade real de obtenção de uma prestação jurisdicional temporalmente útil. A inafastabilidade da jurisdição não se realiza com o peticionar, mas com o obter decisão estatal vinculadora sobre o quanto peticionado, pelo que é imperioso recuperar o efeito útil da prescrição principiológica do inciso XXXV do art. 5º, pela adoção de mecanismos constitucionais e infraconstitucionais que restabeleçam a racionalidade processual e a funcionalidade estrutural do Judiciário.

* * *

1808 – 2008

I

O ano de 1807 foi, sem dúvida, o ápice das guerras napoleônicas e, também, o instante em que o príncipe regente português D. João VI, acossado pelas tropas francesas, tomou a decisão de transplantar toda a sua corte e seu governo para a maior colônia de Portugal: o Brasil. E exatamente em 29 de novembro de 1807 deixou ele a Península Ibérica e tomou o rumo do Atlântico, ladeado por uma escolta britânica, em número de quatro navios de guerra.

Essa circunstância era o resultado de haver Portugal adotado uma política de neutralidade durante as guerras napoleônicas e, consequentemente, ficar espremido entre as duas superpotências da época: Grã-Bretanha e França.

Assim, quando o príncipe regente recebeu, isoladamente, o representante britânico e o francês (este com uma carta ameaçadora de Napoleão Bonaparte), nos seus aposentos do Convento de Mafra – mandado construir por seu tataravô, D. João V, e onde morou durante vários anos –, sentiu ele que ambos visavam Lisboa como um ponto estratégico no Atlântico, sobretudo para a navegação mercante britânica.

A ameaça de Napoleão se concentrava no sentido de que ou a corte portuguesa se alinhava com o bloqueio continental contra a Grã-Bretanha ou enfrentaria um ataque francês, de imediato. Esse ultimátum levou o Conselho de Estado Português a recomendar ao príncipe regente que preparasse seus navios para a fuga, enquanto as negociações tentavam retardar os franceses. Só que a essa altura D. João estava assinando um acordo secreto em Londres, abrindo o comércio do Brasil à Grã-Bretanha em troca da proteção naval inglesa. O que acabou acontecendo, com a escolta dos britânicos aos portugueses na travessia do Atlântico, como salientado anteriormente.

Era a fórmula encontrada para que a "decisão de Napoleão de acabar com a dinastia dos Bragança e usurpar o trono português" não alcançasse o seu objetivo.

* * *

II

De qualquer modo, para ter a noção exata do que foi esse deslocamento da corte portuguesa para o Brasil, imperioso se torna reconhecer a força revolucionária de Napoleão Bonaparte, que já ocupara toda a Europa Central e marchava precipitadamente sobre a Península Ibérica, sendo que o reino de Portugal, além da sua posição geográfica, também levantava a cobiça francesa pelas riquezas acumuladas com a colonização. Na verdade, a expedição militar de Napoleão foi uma traição ao tratado de Fontainebleau, firmado em novembro de 1807 entre a França e a Espanha, que previa a invasão e a divisão de Portugal entre os dois países. Só que Portugal se destacava como porta de entrada no reino da Espanha, o que levou Napoleão Bonaparte a invadir Portugal com o objetivo de trair Madri, o que efetivamente fez depois de ter extinto a Casa Real Portuguesa e a Casa Real Espanhola.

Portugal, governado pela rainha Dona Maria I, reconhecida como louca, mas que também mandara enforcar o protomártir da Independência, Joaquim da Silva Xavier – Tiradentes, representada no governo pelo príncipe regente D. João, cuja experiência dos confrontos de sua época o vinham preparando para o exercício do poder, parecia, aos franceses de Napoleão, uma conquista fácil, de resistência frágil, porque os seus exércitos e o seu povo estavam basicamente desarmados diante da apoteose napoleônica. D. João deixou em Portugal um conselho de governadores, logo destituído por Napoleão Bonaparte. Os ingleses, todavia, preocupados com o seu próprio poderio, também entraram em Portugal e construíram, a partir de 1809, grandes fortificações, num cinturão de 46 km à beira do rio Tejo. Essa manobra dos ingleses, com o apoio dos portugueses, resultou em grande fracasso para Napoleão.

* * *

III

Na verdade, a reação do reino português foi uma manobra tática que já vinha sendo avaliada e estudada por muito tempo como forma de proteção do reino e uma maneira segura de resguardar para a metrópole portuguesa o império de riquezas que estavam depositados no solo, no subsolo e nos rios da grande colônia do Brasil. A mudança da corte para o Brasil era um plano antigo em Portugal, que vinha sendo discutido desde os tempos da União Ibérica, em que o trono português foi submetido ao rei da Espanha, depois do desaparecimento de D. Sebastião na guerra contra os mouros no Marrocos. Nesse sentido, não lhe faltava uma dimensão estratégica pensada nos seus mínimos detalhes, ainda que nos fins de 1807 se tenha realizado precipitada e tumultuadamente.

O príncipe regente e, posteriormente, imperador D. João VI contou com a inteligência política de alguns ministros, escudeiros da sobrevivência do império português em plena Mata Atlântica, sendo que os seus principais ministros também o foram em Portugal. Dentre eles, tiveram destaque especial D. Rodrigo de Souza Coutinho, o conde de Linhares, secretário da Guerra e Negócios Estrangeiros, aliado incontestável da Inglaterra, ex-adverso da Espanha e maior defensor da mudança da corte para o Brasil; e Antonio de Araújo de Azevedo, o conde da Barca, ministro da Marinha e dos Negócios Estrangeiros e da Guerra, que defendia o entendimento com a França e teve grande influência na criação da Imprensa Régia. Considerado um político de grande visão e cultura, o conde da Barca promoveu o deslocamento para o Brasil da missão artística francesa (destacando-se Jean-Baptist Debret e Rugendas) que acabou criando a Escola de Belas-Artes. E, ainda, Thomás Antonio de Villa Nova Portugal, o conde de Palma, ministro e secretário de Estado dos Negócios do Reino, conservador, mas fervoroso incentivador da vinda de imigrantes como alternativa à mão de obra escrava.

* * *

IV

Nesse passo, é bom lembrar que o crescimento comercial da colônia se transformou no elemento essencial do crescimento e desenvolvimento do Brasil, não apenas porque aumentou o movimento portuário, mas também porque o volume de movimentação comercial e de negociação de mercadorias rompeu as fronteiras da Serra do Mar e provocou a mais importante providência de natureza mercantil, uma vez que a colônia estava absolutamente sujeita ao controle comercial metropolitano. E foi ela a Carta Régia de 20 de janeiro de 1808, que abriu os portos do Brasil ao comércio estrangeiro.

É bem verdade que a abertura representou mais uma redução de tarifas do que propriamente uma liberação dos portos, exatamente porque navios estrangeiros podiam aportar no Brasil, mas o imposto de importação era de 48%. Todavia, deve ser colocado em relevo que o príncipe regente, com a assinatura da Carta Régia, acabou com três séculos de monopólio português, abrindo a colônia para a diversificação econômica e viabilizando um mercado interno mais robusto. E este se ampliou de tal forma que o intenso movimento de navios estrangeiros que aportavam às costas brasileiras provocou a edição de um decreto, em novembro de 1808, criando um "intérprete para as visitas dos navios estrangeiros".

Não ficou por aí a visão do príncipe regente. Criou a Imprensa Real; desenvolveu o processo industrial, eis que a colônia não dispunha de qualquer espaço nesse campo; determinou o livre estabelecimento de fábricas e manufaturas, rompendo com o monopólio metropolitano que obrigava o deslocamento da matéria-prima "in natura" para o reino, quase nunca retornando à colônia; estruturou os primórdios do Poder Judiciário, dando origem, mais tarde, ao primeiro tribunal brasileiro, criado em setembro de 1828, já com o país independente, com o nome de Supremo Tribunal de Justiça.

* * *

V

O grande destaque educacional e cultural do período de D. João VI está mais vinculado às questões da cultura do que propriamente da educação. No entanto, foi com a mudança da Corte portuguesa para o Brasil que a colônia ganhou um dos maiores tesouros do mundo: a Biblioteca Real de Portugal, transferida de Lisboa para o Rio de Janeiro ainda em 1808, mas inaugurada no dia 28 de outubro de 1810. Foram transferidas mais de 60 mil peças entre livros, manuscritos, mapas, moedas e medalhas, às quais só tinham acesso pesquisadores que tivessem o consentimento régio, o que foi ampliado em 1814. Com a partida de D. João VI para Portugal em 1821, embora tenha conseguido transferir os recursos do Banco do Brasil, deixou no país o mais significativo capital intelectual: a Biblioteca Real, que deu origem à Biblioteca Nacional, onde se encontra inclusive a primeira edição de *Os Lusíadas*, de Luis de Camões.

Curioso é que não há como dissociar a histórica instalação da Corte portuguesa no Brasil do movimento de independência liderado pelo filho do próprio rei D. João VI, D. Pedro I. Isso porque o líder da nossa independência, ao se sagrar imperador do Brasil, exibiu um efetivo contraste à figura quase lendária que provocou a vinda da corte portuguesa para a terra brasileira: o imperador Napoleão Bonaparte, que ele tomava como protótipo da figura histórica moderna.

Ora, o contraste dos tempos finais de D. João VI no Brasil – fugitivo da perseguição napoleônica na Europa – demonstra que o tempo pode reverter o papel dos personagens e certificar que a história é um movimento de mudanças e de reconstrução, e que o homem político pode se converter na contracena dos ideais representados no passado histórico.

Tanto assim é que D. João VI "sobreviveu como monarca enquanto seus equivalentes em toda a Europa eram destronados e humilhados por Napoleão". Razão acentuada têm alguns pesquisadores ao reconhecer que D. João "não era nenhum gênio, mas tampouco era o bobalhão retratado na propaganda antimonarquista".

* * *

20 ANOS

Um longo e amadurecido processo de meditação sobre os mais lídimos anseios nacionais encontrou há 20 anos, exatamente no dia 5 de outubro de 1988, seu engalanado coroamento. Àquela altura, após mais de ano e meio de estudos e discussões, veio à lume a Constituição democrática, há tanto tempo reclamada e esperada.

Vale lembrar que a sua promulgação só ocorreu depois de muitos sofrimentos e tensões, pondo fim a uma longa noite que se havia abatido sobre a história brasileira. A partir daí, passamos a respirar o ar saudável e vivificante das liberdades públicas e civis, enfim restauradas, já que a longa era de autoritarismo e a prolongada fase de transição que lhe sucedeu receberam, então, o selo que as qualifica como etapas históricas superadas para a formação de nossa cidadania.

Também merecem ser registradas as especulações desairosas que faziam alguns apressados, indisfarçados cultores da catástrofe. Um deles, no final de 1987, sem estar à altura da sua alta responsabilidade de consultor-geral da República, chegou a publicar um trabalho sob o título "Constituinte Brasileira de 1987 – Como se classifica", mais de meio ano após a instalação da Assembleia. Logo no mês de fevereiro de 1988, a ele dei resposta na qualidade de Relator e em forma de plaqueta, com 40 páginas, à qual intitulei "O Poder Constituinte – Fonte Legítima – Soberania – Liberdade", e que jamais recebeu contradita.

Ao contrário: esse senhor – 19 anos decorridos –, em setembro de 2007, deu à publicação um livro cujo título é uma imitação indisfarçável ou um medíocre aproveitamento do best-seller *Código Da Vinci*. Ali, para desfiar o rosário das suas falidas profecias, do seu ódio e ressentimento, tomou o caminho da mentira e se esparramou na trilha do deboche, característica daquelas pessoas em que a esclerose embota os bons modos.

Em função deste e de outros ataques gratuitos é que se torna imperioso lembrar as palavras proféticas de Ulisses Guimarães: "Esta Constituição terá cheiro de amanhã, não de mofo."

* * *

A POLÍTICA E OS POLÍTICOS

Tenho me recusado a falar sobre a política e os políticos nessa fase eleitoral, não só para não ser confundido com preferências, mas – e sobretudo – evitar fazer proselitismo.

É que no cenário atual a política deixou de ser uma atividade movida exclusivamente pelo mérito, pois se entrelaçam, com este último, desejos circunstanciais que não se coadunam com a cidadania. Os tentáculos da corrupção conseguiram atingir os três Poderes, fazendo com que alguns de seus integrantes, como noticia a imprensa, sejam convivas do triste banquete da dilapidação do erário.

Sempre entendi que o político deve ser uma pessoa sem ganâncias, mas ricamente provido de valores morais e espirituais, sem se submeter a pressões de interesses particulares contrariados nem a pressão de grupos insensíveis ao interesse público.

Além do que – se quiser ser reconhecido como um bom político – deve ter seriedade, fidelidade aos princípios éticos que defende, paciência, capacidade para o diálogo, sem se afastar jamais de suas convicções.

Ademais, procurar ser uma pessoa altiva – e não há como confundir altivez com arrogância, porque se esta é um defeito, aquela é uma qualidade – e deixar a política militante a tempo: ou um mandato glorioso ou o recolhimento ao lar.

O que é mais grave é que abandonando tais comportamentos acabará por se envolver em uma crise política, e esta deriva da crise moral, com perspectivas nada animadoras no que diz respeito à reconstrução da imagem dos políticos militantes.

No meu sentir, essa imagem só será reconstruída de forma positiva quando os políticos deixarem de ser considerados nas pesquisas de opinião pública como pessoas voltadas mais para as suas ambições pessoais do que para os interesses da coletividade.

É esperar para ver.

* * *

AS ESCOLHAS

O meu vizinho do espaço ao lado – conceituado jornalista Júlio Antonio Lopes –, em uma de suas crônicas de domingo, abordou, de forma irretocável, o caminho que deve seguir o eleitor ao chamar-lhe a atenção para as suas escolhas. Mostrou a necessidade da sua reflexão para não escolher errado, colocando em relevo, sem recomendar este ou aquele candidato – próprio de quem forma opinião pública –, que a escolha deve recair em alguém que "você daria, sem pestanejar, a chave de sua casa" ou "confiaria a educação de seus filhos".

O eleitor – agora digo eu – tem de entender que o ato de votar não é apenas um dever esquemático, previamente traçado, mas também o de desempenhar um dever cívico, nesta ou naquela frente, ao sabor de todas as dificuldades, de forma firme, sem concessões ou curvaturas, quaisquer que sejam as pressões, partam de onde partirem. Até porque aquele que se esconde atrás do medo não escapará, um dia, do julgamento dos seus contemporâneos, manifestado, umas vezes, na lacônica e irrecorrível sentença do desprezo, e outras, sem pompas fúnebres, no sepulcro do esquecimento.

Ao depositar o seu voto na urna eletrônica, o eleitor precisa ter em mente que o político é um homem de ação, o homem ocupado, aquele que responde prontamente às necessidades do mundo circundante, aquele em que o primeiro impulso conduz ao fazer, e ao fazer já. É hora, pois, de lembrar – aqui e agora – o intrépido prelado lusitano, Dom Manuel Vieira, arcebispo da Guarda, quando tentaram intimidá-lo: "Para me impedirem de falar é necessário que me arranquem a língua... de escrever, que me cortem a mão... ficando com os pés, caminharei para a frente."

Por essa razão, andou certo Júlio Antonio quando, ao concluir a sua matéria, emitiu o seguinte raciocínio: "É bem verdade que, com todo o cuidado, ainda podemos nos decepcionar. Mas, agindo assim, reduzimos, em muito, a margem de erro. Não custa tentar."

* * *

O ESTUDO DA AMAZONOLOGIA

A Amazônia brasileira, abrangendo área superior a 5 milhões de quilômetros quadrados, impõe-se, na contemporaneidade, como um dos temas mais expressivos da nação, pela configuração científica com que se apresenta aos olhos do mundo.

Alexander Von Humboldt, nos *Quadros da natureza*, descreve a grandiosidade amazônica em traços fortes, evidenciando o poder telúrico do famoso vale sul-americano, cuja importância diante de nosso planeta implica inocultável posição estratégica no plano socioeconômico, em que se comprova a suprema valia de uma reserva natural definida como solução, a curto ou a médio prazo, para os sonhos aflitos da humanidade.

Emerge, assim, a necessidade de instituir-se o estudo da Amazonologia em cursos de primeiro e segundo graus e, mais densamente, na universidade, em nível a suprir a ansiedade da juventude, em seus propósitos de sentir a intimidade do futuro, por entender-se que todos os ângulos culturais pertinentes à Amazônia convêm aos corpos discentes, para a oportuna apreensão dessa vasta matéria científica.

Depreende-se que, extraído o espaço amazônico do corpo físico brasileiro, este país estaria gravemente mutilado, e sacrificada, em termos virtuais, a sua postura econômica e política. E é de estranhar-se que, até os nossos dias, a Hileia não ultrapasse as limitações de um conto de ficção, ausente aos programas escolares, desde o primeiro e segundo grau à cátedra universitária.

A legendária bacia do Rio-Mar, conjugando a fauna à flora, compõe o espetáculo de uma impressionante concentração da natureza, a definir-se proximamente como vertente de suprimento vital de uma civilização exausta. Obviamente, o estabelecimento da Amazonologia nas casas pedagógicas iria destinar-se à ampliação de uma cultura específica, estimulando nos jovens o amor à nossa região e o sentimento de defesa e preservação contra as hordas predatórias que ameaçam à Hileia, com incursões de risco ao equilíbrio de um fabuloso ecossistema.

Ou alguém tem dúvida desse risco?

* * *

"CRIANÇA NÃO É DE RUA"

I

Por iniciativa de entidades da sociedade civil organizada e do poder público, foi criada a campanha nacional "Criança não é de rua", com o objetivo de promover o diálogo sobre a questão das crianças e adolescentes que moram nas ruas, desvinculadas de suas famílias.

A par de ações que deverão ser desenvolvidas, desde logo são indicadas, entre outras, as seguintes medidas: "garantir a presença de educadores sociais de rua junto às crianças e adolescentes em situação de moradia na rua, efetivando uma abordagem de qualidade; e garantir o direito à convivência familiar e comunitária."

Ao tomar conhecimento de tão altruística missão procurei fazer um retrospecto na história do mundo e, de imediato, me veio à mente a figura de Herodes.

Sim, de Herodes, aquele infanticida cuja memória envolta em sombras enegrece larga etapa da vida da humanidade, que havia percebido, nos gestos inocentes de uma multidão de meninos, que entre eles estaria o redentor do mundo. Ficou ele na História como autor da matança de crianças que eram atiradas para o alto e recebidas, de volta, na ponta de espadas odientas. Essa imolação decorria de uma inescrupulosa precaução do Estado, pois o sanguinário rei desejava se resguardar, temeroso do próprio angélico, da infância que florescia em sua desgraçada pátria.

José e a Virgem, carregando o Deus-Menino, fugiram para o Egito, encontrando a doce proteção em Dimas, o Salteador, que depois conquistaria a santa intimidade de Jesus, no sacrifício do Calvário.

Não sei em que razões se inspiram os chefes de Estado das falsas democracias de nosso tempo quando permitem, por omissão, a morte de milhares de crianças. Se não há pelotões de fuzilamento, a fome impiedosa se encarrega de destruir essa preciosa reserva humana. Note-se, a respeito, a dolorosa aliança do poder com essa mesma fome, pois, por não querer combatê-la, revela-se o seu fiador abrindo brechas profundas no âmbito de uma civilização.

* * *

II

E o inevitável déficit de valores virá, por via de consequência, desfigurar a imagem do próprio futuro dos povos. Ninguém aceita, por certo, a sucessão de Herodes. Desejava abstrair-me de qualquer conotação retórica para assegurar o dramático atavismo a que esses homens do governo, inimigos de crianças, se vinculam ao tirano que, buscando a Cristo, formou sobre um perturbado pedaço da velha Ásia um monte de pequenos cadáveres. Mas, quem serão os autores do mortinício da infância na atual quadra da História? A resposta irretorquível é que todos os estadistas infanticidas se escondem atrás da vergonha e do medo porque o mundo os condena a uma lacônica e irreversível sentença.

Os túmulos de meninos assassinados pela fome são sepulturas sem inscrição. Nos que, todavia, registramos essa clamorosa sucessão de tragédias, não relutamos em comprovar o pavor que parece anônimo. São anjos que não escaparam aos golpes da injustiça social, encerrados por fim no sepulcro do esquecimento.

A pergunta paira no ar: por que essa humanidade de calças curtas e desprovida da fortuna está proibida de viver? Há alguma lei despótica, por certo, impedindo o exercício de um sagrado direito. Tal dispositivo, evidentemente, se exclui das cartas constitucionais, mas preside e demanda o espírito de cegos governantes. Ou seria simples lugar-comum afirmar-se que as crianças – por lei, inalistáveis – caem em desprezo diante dos que promovem os festins palacianos? De outra parte, seria válido o conceito de que nação "adulta" é nação sem infância?

A catástrofe que se abate sobre os países onde há mais fome do que balas matando meninos comove qualquer indivíduo medianamente dotado de amor pela causa da humanidade. É lícito, no entanto, ampliar para uma análise maior as fronteiras do quadro em que se inscreve o infanticídio em massa.

* * *

III

Isso me faz lembrar que a estafada esperança dos que sobreviveram – frágil aspiração em trânsito para o desencanto – ainda convida levianos cidadãos de Estado a um gesto de compreensão ou grandeza. E seria oportuno recordar que a infância sepultada em sucessivas idades foi gente que faltou nos quadros da Ciência, das Letras, das Artes, da Política. É uma chorada ausência que impõe a presença de indignados protestos dos homens justos.

Daí se segue que não se pode dizer que a culpa cabe só aos governos, mas também a todos nós como parcela da humanidade. Por essa razão quando se fala em criança não é de rua, naqueles meninos maltrapilhos e famintos – desses que a fome não mata –, sabemos que os que não morrem integram a faixa proletária e são todos praticamente seduzidos pelo fantasma do delito.

O que é feito pelo responsável maior: despreza-os e deles só se lembra na hora de os fazer recolher ao cárcere, antônimo filosófico da universidade.

Li, há algum tempo, não me lembro em qual órgão da imprensa – em um de seus editoriais –, uma preocupação com o problema da orientação do menor. Abordava – se não me falha a memória – dois aspectos que classificava de excepcional importância: a tendência inarredável de aumento da população jovem nesses próximos anos e a necessidade permanente de aumentar as possibilidades de emprego diante da demanda sempre crescente. Sublinhava o artigo que, à vista da situação que se desenhava, se impunha a criação de um órgão para se antecipar aos problemas que fatalmente surgiriam num futuro próximo.

Além do tom profético, a grande verdade é que a infância é a mais tênue camada do humanismo e o dramático relevo que ela adquire em nosso país, na escala das insopitáveis decepções, vem inserir-se no *curriculum vitae* de um sistema pouco ou mal afinado com as mais recentes realidades do mundo.

Por tudo isso, ao registrar a triste figura de Herodes no início destas minhas considerações, conclamo a todos para a notável campanha de que a "criança não é de rua".

* * *

DIA NACIONAL DA CONSCIÊNCIA NEGRA

I

O dia 20 de novembro, data da morte do grande líder negro Zumbi dos Palmares, foi incluído no calendário oficial das datas comemorativas brasileiras como Dia Nacional da Consciência Negra.

A escolha dessa data é de grande significação para uma imensa parcela da população brasileira, que relembra o legado de Zumbi dos Palmares e sua importância como um dos maiores símbolos da luta pela liberdade e pela igualdade em nosso país.

Zumbi dos Palmares é figura emblemática na história dos negros no Brasil e na história da rebeldia contra o escravismo na América Latina. Ele é, sem dúvida, um dos maiores heróis da luta pela liberdade e por uma sociedade mais justa.

Sabemos que, durante todo o período escravista, o quilombo marcou sua presença em toda a extensão do território nacional como sintoma da antinomia básica da sociedade escravista. Na revisão da história social do Brasil, ocorrida nos últimos anos, vem sendo dada importância cada vez maior ao papel desempenhado pelos quilombos na dinâmica da nossa sociedade.

Nesse contexto, o Quilombo de Palmares sobressai aos demais e representa uma das maiores contribuições do povo negro para a formulação dos ideais de democracia e uma demonstração inequívoca da capacidade de uma etnia de superar todos os obstáculos e desigualdades, ao longo da nossa história.

Por essa razão é que, nas três últimas décadas do século passado, o dia 20 de novembro passou a ter uma comemoração mais significativa em nosso país.

A partir de 1971, começou a ser realizado pelo grupo Palmares, em Porto Alegre, um ato público em homenagem ao Estado Negro dos Palmares, quando, então, foi proposto que o 20 de novembro passasse a ser uma alternativa para as comemorações do dia 13 de maio, data da Abolição da Escravatura no Brasil.

O perseverante trabalho do grupo Palmares fez com que o Movimento Negro Unificado Contra a Discriminação Racial – MNUCDR, sete anos mais tarde, em 1978, propusesse para essa data a denominação de Dia Nacional da Consciência Negra, bem antes de sua inclusão formal no calendário oficial.

* * *

II

Ao fazer referência à comunidade afro-brasileira, não poderia deixar de destacar também a importância da mobilização das chamadas "comunidades negras rurais ou remanescentes de quilombos", em nosso país, uma das mais importantes dimensões dessa luta pela afirmação da importância dos negros dentro da sociedade brasileira ao longo das décadas de 1980 e 1990.

Espalhadas pelo território nacional, essas comunidades começaram a se organizar e vêm lutando para defender suas terras daqueles que as cobiçam. Lutam em defesa dos direitos humanos e dos direitos civis em geral e também pela garantia do Art. 68, do Ato das Disposições Constitucionais Transitórias, que afirma textualmente: "Aos remanescentes das comunidades dos quilombos que estejam ocupando suas terras é reconhecida a propriedade definitiva, devendo o Estado emitir-lhes os títulos respectivos."

Impende salientar que, por intermédio da Fundação Cultural Palmares, criada em 1988 pelo então presidente José Sarney com a missão institucional de "promover a preservação dos valores culturais, sociais e econômicos, decorrentes da influência negra na formação da sociedade brasileira", o governo federal vem progredindo nas questões legais e de cidadania e procurando atender às reivindicações daquelas comunidades.

Com ações afirmativas, o Poder Executivo vem garantindo a posse e a titulação dos espaços geográficos dos quilombos, possibilitando a sua permanência na terra e o cultivo desta para o sustento; cooperando para a preservação cultural dos quilombolas; e direcionando os remanescentes para a vivência de valores de seus ascendentes, os africanos escravos, que tanto trabalharam para o crescimento de nosso país.

Mesmo sabendo que ainda há um longo caminho a ser percorrido para reduzir as discriminações e desigualdades, inaceitáveis neste século 21, é necessário reconhecer que o processo de construção da cidadania em nosso país está se consolidando. Ademais, a população afro-brasileira supera os 48% da população total e o problema racial no Brasil está longe de ser resolvido.

* * *

III

A população de origem negra é produtora de enorme riqueza social, política e cultural, sem que tenha, ao longo da História, participado efetivamente do gerenciamento, dos resultados e dos benefícios dessas riquezas.

As estatísticas recentes indicam que os negros da classe média somam mais de 10 milhões de pessoas. Estima-se que elas movimentem, por ano, quase 70 bilhões de reais. Entram nessa conta aqueles que possuem renda familiar acima de 2.300 reais e que correspondem a um terço da classe média do país, em termos gerais.

Nesse passo, louvores merece a Constituição de 1988 ao considerar a prática do racismo como crime inafiançável e imprescritível, sujeito à pena de reclusão nos termos da lei. Busca-se construir uma convivência igualitária e democrática entre os povos que formam a população de nosso imenso país.

A inclusão na agenda nacional de temas fundamentais como o da necessidade de investimento na reparação das desigualdades sociais é hoje fato irreversível.

Por outro lado, considerando que a compreensão de que a diversidade racial e cultural é fator de riqueza nacional, torna-se necessário e inevitável investir para compensar a exclusão sociopolítica a que a população afro-brasileira tem sido submetida como um passo decisivo que possibilitará ao Brasil, neste milênio, concretizar perspectivas reais de desenvolvimento e de consolidação da democracia participativa.

Ao concluir este modesto conjunto de artigos, reitero minhas homenagens à comunidade afro-brasileira pelo transcurso do Dia Nacional da Consciência Negra, fazendo votos de que, no decurso deste século, sejamos uma sociedade menos excludente e um país socialmente mais justo.

Por fim, possa servir de exemplo a eleição de Barack Obama para a presidência dos Estados Unidos da América do Norte, que não pode ser considerado simplesmente um negro. Mas, o negro.

* * *

O DICIONÁRIO DA ESCRAVIDÃO

I

Após décadas de desinteresse e indiferença, temos assistido a um surto notável de estudos voltados para a análise de aspectos constitutivos da realidade brasileira, e, dentre eles, um livro que tem um lugar assegurado em qualquer biblioteca temática sobre a cultura brasileira. Trata-se do *Dicionário da Escravidão*, de Alaôr Eduardo Scisínio, saudoso amigo com quem mantive um longo convívio por quase 30 anos, até a sua partida ao encontro de Deus.

Advogado, escritor, historiador e escultor. Negro, neto de escrava, começou como rábula e, mais tarde, foi membro efetivo do Instituto dos Advogados Brasileiros, além de conselheiro da OAB-RJ, professor da Universidade Federal do Rio de Janeiro e da Universidade Federal Fluminense, com vários livros publicados.

Poeta e cronista, Alaôr já havia publicado, anteriormente, um ensaio sobre a escravidão intitulado *A escravidão e a saga de Manoel Congo*, a respeito do quilombo criado nas matas de Vassouras, Rio de Janeiro, como reação às barbaridades cometidas pelo fazendeiro Manuel Vieira, e destroçado pelo futuro Duque de Caxias. Ao contar a história do ferreiro Manuel Congo, enforcado a 6 de setembro de 1839, Alaôr contribuiu decisivamente para o enriquecimento das informações disponíveis aos historiadores interessados em reconstituir movimentos e sublevações populares.

Com o *Dicionário*, ampliou ele, consideravelmente, o seu campo de reflexão. É que, pela primeira vez, a escravidão é apresentada num painel que proporciona, ao mesmo tempo, uma visão genérica e um cuidado preciso no detalhe. A influência do negro nos mais diversos campos – na língua, na farmacopeia, na música, no folclore, enfim, no modo de ser do povo brasileiro –, tudo bem documentado nos verbetes dessa obra pioneira.

O *Dicionário* abrange o período compreendido entre as primeiras décadas do século XVI e o 13 maio de 1888. Quanto à metodologia, adota, para cada tema ou subtema, para cada assunto ou aspecto da escravidão, um verbete mater, um verbete geral, com remissão às expressões a ele alusivas ou nele referidas.

* * *

II

Assim, ao tratar, por exemplo, dos "castigos", o autor informa como e por que eram publicados, fazendo nesse verbete a remissão a "instrumentos de tortura", em que são relacionados os meios e os objetivos utilizados na aplicação dos castigos, trazendo o verbete correspondente a cada um deles, sua descrição e modo de usar.

Relativamente às doenças, estão elencados no corpo desse verbete os males de que eram suscetíveis os escravos, com remissão aos verbetes relativos a cada órgão, a cada enfermidade e a cada função, além da listagem das ervas e plantas utilizadas para o tratamento, com o nome científico e a indicação específica, segundo o uso pelos escravos e pela farmacopeia catimbó.

Outros assuntos recebem tratamento pormenorizado, como tráfico, abolição, religião, insurreição, quilombos, particularizando entre estes o de Palmares, com sua cronologia.

Não se limita, porém, a obra a esses assuntos que receberam tratamento isolado, pois mais de 1.500 frases ou vocábulos significativos estão distribuídos em ordem alfabética. São informações ecléticas sobre a escravidão, algumas em verbetes relativos à origem geográfica dos escravos, às estimativas numéricas, ocupações ou profissões, aos grupos étnicos, à linguagem dos negros, com alusão aos seus inúmeros dialetos, com verbete especial para cada um deles. Contém toda a legislação (leis, decretos, cartas régias, avisos, alvarás e decisões governamentais, com datas, números e ementas), reproduzindo, na íntegra, as leis do Ventre Livre, dos Sexagenários e a lei Áurea.

Aliás, o verbete "legislação" foi dividido segundo as especificidades das normas, como legislação sobre direito penal, abolição, tributos, tráfico, africano livre, classificação, libertação, matrícula, serviço militar, alforria, fundo de emancipação, pecúlio etc.

O verbete "cronologia" traz, na rigorosa ordem de suas ocorrências, os principais fatos ligados à escravidão, independentemente de alguns outros trazerem a sua síntese histórica.

* * *

III

A bibliografia da escravidão é dada não em apêndice, mas na letra "B", pois não enumera apenas os livros consultados, mas uma vasta lista de publicações sobre o assunto.

São 350 anos de escravidão negra no Brasil em 3.200 verbetes ao longo dos quais fica claro o objetivo da obra ciclópica do saudoso professor Alaôr: mostrar que "o negro foi herói consciente da longa e cruel guerra contra a escravidão, o sujeito da luta pela liberdade, no decurso da qual foi capaz de atos extremos. Por exemplo, matar-se engolindo a própria língua. Amarrado de pés e mãos num tronco, ele morria pelo esforço de sua própria angústia, sabendo que, com aquele ato, provocava um prejuízo concreto na propriedade do senhor".

O verbete "engolir a língua" define bem o caráter do trabalho, que não se restringe a uma informação fria e seca sobre palavras e expressões, mas contextualiza, do ponto de vista social, cultural, político e jurídico, o universo em que se desenvolveu a sociedade escravagista brasileira.

Apesar da crueza dos assuntos, o tom dos verbetes não é lamurioso, melancólico ou sombrio. O autor se preocupou com a visão do dominado, sem deixar de fazer a competente crítica do dominador. Fê-lo, entretanto, sem emitir julgamentos, mas na tentativa de compreender a escravidão na história do Brasil Império, enquadrando-a em seu contexto histórico.

Um aspecto interessante da obra é a relação que ela estabelece entre a Abolição e a Maçonaria. No verbete "Maçonaria e Abolição", temos a comprovação de que a Maçonaria foi a primeira instituição a atender ao clamor dos negros, pois, já em 1826, o maçom José Clemente Pereira apresentou um projeto pelo qual o comércio de escravos devia acabar, em todo o Brasil, no último dia de dezembro de 1840. Esse projeto foi transformado em lei em 1845.

Lembra o autor, ainda, que a lei de 1850, que extinguiu o tráfico, era de autoria do maçom Eusébio de Queirós e que a lei do Ventre Livre é de autoria do grão-mestre do Grande Oriente do Brasil, visconde do Rio Branco.

O CRONISTA | 2009

O dicionário da escravidão (final)

Em São Paulo, tivemos o maçom Antônio Bento de Sousa Andrade, e no Ceará, a campanha foi chefiada por João Cordeiro, da loja "Fraternidade Cearense", e, ainda, pelo maçom Antônio Bezerra de Meneses.

Embora a obra não defenda a tese de uma "Maçonaria Abolicionista", demonstra, corretamente, a existência de um movimento emancipacionista dentro da Maçonaria, que contou com a participação de maçons abolicionistas do porte de Joaquim Nabuco e José do Patrocínio.

A obra é vigorosa e se apresenta em prosa simples e clara, livre de pompa e pretensão. Pormenores importantes são colocados em frases curtas e, em alguns casos, sem a emoção que tem comprometido determinada historiografia sobre a escravidão no Brasil.

O que mais surpreende é que tarefa de tal envergadura tenha sido realizada por esforço individual. O que fazem os departamentos de História de nossas universidades, e tantos historiadores "de carteirinha", que não atinaram para com a verdadeira "mina" de verbetes, da qual tantos temas poderiam ser retirados? Quanto trabalho para uma só pessoa reunir um mundo de informações sobre a escravidão no Brasil, tema, ultimamente, tratado com intensidade, embora, amiúde, sem muita profundidade. Faltava até mesmo um roteiro básico. Por onde começar? O universo negro, no Brasil, vai da comida à música, do sexo à capoeira, da Guerra do Paraguai às favelas, do cateretê ao candomblé.

Por essa razão – e em nome daquela amizade tão sólida e duradoura que durante anos cultivamos – decidi trazer para *A Crítica* esta manifestação, reconhecimento do valor do *Dicionário da escravidão* como retrato histórico das lutas e dos sofrimentos dos escravos e síntese da contribuição africana para a formação da nacionalidade brasileira.

Por fim, faço minhas as palavras do também saudoso escritor Jorge Amado, que soube traduzir, em sua literatura, a síntese da contribuição negra na formação brasileira, a propósito da obra de Alaôr Scisínio:

"... Livro fundamental para quem quiser saber da vida e da luta do povo que ajudou a construir, com suor e sangue, a riqueza do nosso país."

* * *

DOUTRINAS POLÍTICAS

I

Neste momento de crise, quando as perspectivas do país se tornam incertas, é oportuno rememorar, ainda que de forma condensada, a grande polêmica que atravessou o século XX, travada entre as principais doutrinas políticas da modernidade: de um lado, o socialismo, tanto na sua vertente totalitária quanto na democrática, esta última mais conhecida como social-democracia; de outro lado, o liberalismo, surgido a partir das experiências de resistência aos regimes absolutistas.

Abordarei em primeiro lugar, alguns pontos da história e da doutrina do socialismo na sua vertente comunista, que, no século XX, chegou a gerir os destinos de uma significativa parcela da população mundial. E, quando possível, examinarei o desempenho daqueles que diligenciaram na realização das metas socialistas por meios exclusivamente democráticos, ou seja, a denominada social-democracia, corrente que obteve um sucesso significativo na maior parte dos países da Europa Ocidental, associando à sua gestão o desenvolvimento do Estado de Bem-Estar Social. E, finalmente, analisarei a Doutrina Liberal.

O socialismo foi definido de diversas maneiras, ao longo de sua história. Para alguns, seria caracterizado pela preocupação com as classes desprivilegiadas da sociedade. Outros veem como seu traço marcante a oposição à propriedade privada. Não há dúvida de que essas e outras características são comuns ao pensamento socialista. Considero, no entanto, mais fecundo defini-lo não por um traço ou conjunto de traços, e sim, como o fez o grande sociólogo francês Émile Durkheim, por uma tensão entre dois princípios coexistentes: a demanda por racionalidade econômica e a exigência de justiça social.

Demanda por racionalidade, na medida em que o caráter caótico da produção capitalista se manifestou desde cedo. Períodos de bonança eram interrompidos por crises recorrentes durante as quais o excesso de bens convivia com a incapacidade de compra, e, portanto, com a miséria. A superação desse círculo vicioso consistiria na subordinação da propriedade privada, ou seja, um movimento que iria da autonomia dos capitalistas individuais para um planejamento racional centralizado.

Exigência de justiça social, na medida em que a mesma propriedade privada impunha uma distribuição desigual de bens, serviços e oportunidades de vida.

* * *

II

No pensamento socialista os dois aspectos são inseparáveis; na verdade, a justiça seria uma decorrência necessária da introdução da racionalidade na vida econômica. Foi preciso o transcurso de todo o século XX para demonstrar que justiça e racionalidade nem sempre são coincidentes, podendo, inclusive, ser excludentes.

Discorrer aqui, pormenorizadamente, sobre a história do movimento socialista seria desnecessário e extrapolaria os limites desta reflexão. Limitar-me-ei, portanto, a assinalar alguns pontos de inflexão, aqueles que julgo mais carregados de consequências para a história do século passado.

O socialismo surge como tentativa de superar as mazelas da Revolução Industrial. Data, portanto, do último quartel do século XVIII. Excluí de nossa periodização todas as obras dos pensadores comunistas utópicos, de Platão a Campanella, pois estes estavam preocupados primordialmente com a questão da construção de uma sociedade justa, faltando-lhes a dimensão da racionalidade na produção de riquezas.

Isso posto, é possível delimitar, na história do socialismo, um primeiro período que se estenderia de suas primeiras manifestações até o ano de 1848. Este ano é tomado como marco em função da participação dos trabalhadores nos movimentos revolucionários que eclodiram na Europa e também por nele ter-se dado a publicação do *Manifesto Comunista*, de Marx e Engels, que marcaria a feição posterior do movimento.

O segundo período apresentaria como limites os anos de 1848 e de 1914. No seu curso, o marxismo consolida-se como tendência dominante do socialismo, por deslocar a vertente anarquista, no âmbito da Primeira Associação Internacional dos Trabalhadores, fundada em 1863. A partir daí, ele foi-se impondo como a única versão legítima do socialismo, a única que teria como fundamento as bases sólidas da ciência. É nesse período, ainda, que os diferentes partidos socialistas europeus, já denominados, em geral, social-democratas, se convertem em partidos eleitoralmente significativos. Houve um incremento exponencial dos votos socialistas a partir da conquista do sufrágio universal. Em 1890, a social-democracia alemã chegou à condição de partido mais votado, no que foi seguida por seus congêneres de Bélgica, Escandinávia e Áustria.

* * *

III

A essa altura, o socialismo constituía-se em um expressivo movimento de massas animado por uma mesma interpretação da sociedade e da História, desenvolvida por Marx. Suas ideias centrais são:

1 – O materialismo: postula a primazia do ser sobre a consciência dos homens, ou seja, a consciência dos homens depende da forma como proveem suas necessidades materiais.
2 – A dialética: consiste no reconhecimento do caráter contraditório da realidade social manifesta na centralidade da luta de classes.
3 – A direção da História: a História da Humanidade é vista como um processo evolutivo, uma vez que o desenvolvimento tecnológico define, em última análise, a estrutura de classes de cada sociedade e esse desenvolvimento é cumulativo.
4 – O fim da História: a própria evolução da sociedade de classes apontaria para o seu fim. Essa divisão da sociedade teria fim e uma nova era teria início. A simplificação dos conflitos de classe levaria à expropriação do patronato, não em benefício de uma nova categoria dominante, mas em benefício de todos.

5 – O caminho: a consecução dessa meta exigiria, no entanto, um momento de transição durante o qual os trabalhadores utilizariam a coerção contra os interessados na manutenção ou restauração da antiga ordem. Nesse período o Estado assumiria o controle do sistema produtivo e injetaria racionalidade na produção mediante o planejamento centralizado.

A primeira oportunidade de testar empiricamente a validade desse corpo teórico socialista ocorreu nos desdobramentos da Revolução Russa de 1917. Instituiu-se, então, um regime unipartidário comandado por uma fração do antigo Partido Social-Democrata Russo, os Bolcheviques. A propriedade privada sobre os meios de produção foi abolida com a sua passagem para as mãos do Estado, processo particularmente violento no caso da coletivização da agricultura efetuada por Stalin, na década de 1930. A política passou a ser monopolizada pelo partido no poder, que não se constrangeu em usar a coerção em doses maciças, primeiro contra os partidários do antigo regime, depois contra os demais partidos oposicionistas e, finalmente, contra os dissidentes do próprio Partido Comunista.

* * *

IV

A aplicação da receita socialista em toda a sua integridade teve como resultado a instauração de um regime autoritário, quando não francamente totalitário. Como esse resultado pode ser encarado? Como um desvio em relação ao projeto original, ou fiel ao espírito dos textos de Marx, como uma etapa necessária ao estabelecimento de uma sociedade efetivamente livre?

Parece-me que os acontecimentos da última década não deixam dúvida a respeito. Enquanto o mundo comunista persistia era possível pensar que nos encontrávamos frente a uma etapa necessária da construção de uma sociedade justa e abundante. A ausência de democracia ainda podia ser vista como uma consequência da pressão dos países capitalistas sobre o bloco socialista e bastaria um esforço de autorreforma do sistema para que o rumo correto fosse retomado. Por um momento, essas esperanças pareceram concretizar-se nos processos que os soviéticos chamaram glasnost e perestroika. No entanto, a reforma controlada do sistema rapidamente cedeu lugar a seu desmantelamento.

Quais as razões profundas desse desfecho? Em linhas gerais, podemos dizer que o bloco comunista foi vítima do desenvolvimento tecnológico recente. Numa confirmação irônica de um dos teoremas marxistas, as relações de produção construídas a partir da extinção da propriedade privada e da substituição do mercado pelo planejamento central não resistiram ao avanço das forças produtivas e foram por ele despedaçadas.

Vale lembrar que nem sempre o sistema econômico soviético foi inoperante. Respondeu por taxas de crescimento industrial das mais elevadas por um longo período de tempo. Transformou a antiga Rússia em uma potência industrial e militar. Conseguiu, além disso, ganhos até então desconhecidos no rumo da equalização das condições de vida de sua população. Os indicadores de saúde e educação, em poucos anos, alcançaram e ultrapassaram aqueles vigentes nos países capitalistas ocidentais. Mesmo a ocorrência do processo de desestalinização aumentou o otimismo daqueles que, dentro e fora da União Soviética, julgavam o totalitarismo um aspecto descartável do sistema. Emblemático desse período de euforia foi o anúncio de Kruschev, na esteira das primeiras vitórias na corrida espacial, da iminente ultrapassagem da economia americana pela soviética.

* * *

V

O que mudou desde então? Os avanços científicos e tecnológicos potencializaram o processo de globalização e geraram um novo modo de produzir bens e serviços para o qual mercado e democracia, ou seja, iniciativas no âmbito das unidades de produção e transparência, se revelaram indispensáveis. Esses eram justamente os dois fatores de que carecia o bloco soviético.

A partir de então, deixou de ser plausível a possibilidade de regenerar o comunismo, de transformá-lo por dentro mediante uma intervenção política, e ficou claro que a liberdade não surge da sua ausência. Vê-se, hoje, o preço que a Rússia paga pela ausência de uma tradição política democrática e de uma tradição econômica de mercado. Na política, as instituições são frágeis e o risco de retrocesso em direção ao autoritarismo é presente. Na economia, a iniciativa privada foi açambarcada pelo crime organizado, refúgio dos únicos empreendedores remanescentes do velho regime.

O experimento comunista mostra um resultado claro: os meios preconizados historicamente pela tradição socialista não alcançaram os fins desejados. A justiça social foi incrementada ao custo de um grau absurdo de coerção e revelou-se fugaz. Não sobreviveu ao desmantelamento do regime. A racionalidade da economia revelou-se frágil. O planejamento centralizado mostrou sua inoperância em face das novas condições de produção originadas da revolução científico-tecnológica.

Nas suas origens, o socialismo manifestava desconfiança profunda quanto à eficácia e pertinência de sua participação no processo eleitoral. A atitude era procedente, na medida em que vigorava o voto censitário, ou seja, julgava-se, então, que o direito de voto deveria estar restrito àqueles que tinham algo a perder com o desgoverno do país: os proprietários e os detentores de rendas elevadas. Era recorrente entre os primeiros pensadores socialistas a ideia de que a nova sociedade poderia surgir, fora da esfera política, a partir de comunidades isoladas, funcionando conforme as novas regras. Acreditava-se que, comprovada assim sua eficácia, o socialismo alastrar-se-ia por força de um efeito de demonstração.

O marxismo representou uma ruptura com essa visão, enfatizando a necessidade de participação dos trabalhadores na política institucional "burguesa" e a consequente organização de partidos políticos legais e a apresentação de candidatos nas disputas eleitorais.

* * *

ALEXANDRIA

I

Há anos não revisitava o Egito. Do Cairo, sua capital, guardava a lembrança das pirâmides, sobretudo a de Quéops (Khufu), a mais antiga e a maior delas, com seus dois milhões e trezentos blocos; a Esfinge, talvez um dos mais famosos monumentos do mundo; e o famoso Museu, quando ali estivéramos Elza e Hélio Lima, Zuleide e eu, a caminho da Grécia. Ficara na lembrança a frustração de não termos ido a Alexandria.

Ao longo do tempo, não me havia esquecido das lições do professor Ricardo Amorim (apelido de Buda, pelo seu tipo físico), no então Ginásio Amazonense Pedro II, quando ensinava que Alexandria, fundada muito anos antes de Cristo por Alexandre, o Grande, fora o lar de figuras históricas, como Cleópatra, Júlio César, Marco Antônio, entre outras. E enfatizava a existência de marcos, também históricos, como o Anfiteatro Romano, o Pilar de Pompeia e as Catacumbas de Kom Ash-Shuqqafa.

Até que a hora de romper a antiga frustração chegou e neste século XXI. Ali estávamos, Zuleide e eu, percorrendo todos esses lugares e mais o Fort Qaitbey, a Mesquita, o Museu Greco-Romano. Além disso, o que mais nos levara até ali: a nova Biblioteca de Alexandria.

Diz a lenda que, no ano de 640, o general Amr Ibn al-As conquistava Alexandria e colocava a cidade sob o comando de um califa chamado Omar. Começava, nesse instante, o fim da famosa Biblioteca de Alexandria, construída no terceiro século antes de

Cristo para "reunir os livros de todos os povos da Terra". E, lamentavelmente, destruída mais de mil anos depois.

No entanto, forçoso é reconhecer que esse general – cuja sonoridade do nome soa estranho para nós, brasileiros –, quatro anos antes da tomada de Alexandria, portanto em 636 a.C., ao ocupar a Síria, quis inteirar-se da natureza divina de Cristo, assim como da tradução grega do Antigo Testamento.

Ao chegar a Alexandria, o general foi informado de como havia surgido a biblioteca – àquela altura com quase 1 milhão de manuscritos – e as razões pelas quais lhe pediam que a liberasse, uma vez que todos os bens que existiam na cidade estavam sob o poder das suas tropas.

* * *

II

Alguns meses depois, dizem que o general fez a seguinte ponderação ao interessado: "Quanto aos livros que mencionaste, eis a resposta: se seu conteúdo está de acordo com o livro de Alá, podemos dispensá-los, visto que, nesse caso, o livro de Alá é mais do que suficiente. Se, pelo contrário, contêm algo que não está de acordo com o livro de Alá, não há nenhuma necessidade de conservá-los. Prossegue e os destrói."

Conta a lenda que os livros foram distribuídos pelos banhos públicos de Alexandria – em número de 4 mil – para que fossem utilizados como material combustível. Outra versão já atribui ao general romano Júlio César, que decidira ajudar Cleópatra – então numa guerra civil com seu irmão Ptolomeu 13 – mandando atear fogo à esquadra egípcia, tendo esse incêndio consumido mais de 400 mil livros.

Por igual – esta mais recente – registra que, no ano de 391 da era cristã, o imperador Teodósio proibiu as religiões pagãs, o que permitiu ao bispo de Alexandria, de nome Teófilo, determinar a extinção das seções que tivessem sido poupadas por incêndios anteriores.

Tudo isso poderá ser debitado a mitos. O que não é mito nem lenda foi a ideia de reerguer a mais notável biblioteca de todos os tempos, no final dos anos 1970 na Universidade de Alexandria.

O presidente egípcio Hosni Mubarak, em 1988, assentou a pedra fundamental, mas as obras só tiveram, em verdade, seu início sete anos depois.

Ao entrarmos, Zuleide e eu, no suntuoso edifício de 11 andares – custo de 212 milhões de dólares, parte financiada pela Unesco –, disse-me um dos responsáveis pela biblioteca que só a sala de leitura (a principal) tem 38 mil metros quadrados e é considerada a maior do mundo. O acervo que deverá contar por volta de 8 milhões de livros, ainda não está inteiramente reunido.

Cada sala visitada, além de uma surpresa à parte, não só pelos papiros, pelos escritos em pedaços de mármore, era uma verdadeira oportunidade de sentir o quanto investe aquele povo em cultura.

Por essa razão, é difícil imaginar que, apesar de ser o principal porto do Egito, Alexandria é apenas a sua segunda maior cidade. E, mesmo assim, com uma biblioteca desse porte.

* * *

PRESIDENTE DA ESPERANÇA

Há algum tempo abordei neste espaço a data da morte do nosso líder negro Zumbi dos Palmares e seu legado, dada a sua importância como um dos maiores símbolos da luta pela liberdade e pela igualdade em nosso país. Aproveitei para salientar que a população de origem negra era produtora de enorme riqueza social, política e cultural, mas sem participar efetivamente do gerenciamento, dos resultados e dos benefícios dessa riqueza. E terminei por assinalar que a eleição de Barack Obama talvez servisse de exemplo ao mundo, uma vez que ele não poderia ser considerado simplesmente um negro. Mas, o negro.

Estou a lembrar esse fato porque, recentemente, em artigo publicado no *Washington Post*, o presidente norte-americano colocou em relevo que o seu plano de recuperação visa "criar ou salvar três milhões de empregos nos próximos dois anos, conceder alívio fiscal imediato a 95% dos trabalhadores americanos, estimular o consumo igualmente das empresas e pessoas e dar passos para fortalecer nosso país para os próximos anos".

Eis aí o seguidor de Franklin Roosevelt, que também passou pela Universidade de Harvard, mas com uma acentuada diferença. Descendente de africano (Quênia) – nasceu nos EUA (Honolulu), residiu na Ásia –, o estudante Barack Obama fez história ao ser eleito, em 1990, o primeiro presidente negro da Harvard Law Review, sem dúvida o periódico jurídico de maior prestígio nos EUA. E o que é incrível: com prenome africano (Barack), sobrenome árabe (Hussein) e tribal (Obama), vale dizer: sem prenome ou sobrenome de origem norte-americana.

Essas circunstâncias levam a um outro ponto: a coincidência de ter ele tomado posse no chamado "Dia de Martin Luther King Jr.", líder carismático de tantas lutas pelos direitos civis, assassinado em 4 de abril de 1968. E é para ele que, desde 1986, a terceira segunda-feira de janeiro é o único feriado nacional dedicado à memória de uma só pessoa nos EUA.

Não se pode deixar de fazer uma ligação dessa luta de Luther King – pela sua carga histórica – com a pretensão que deveria Barack Obama carregar consigo no mais recôndito do seu ser: a de se tornar presidente.

À vista de tudo isso, o artigo no qual ressalta que o seu plano é "criar ou salvar três milhões de empregos nos próximos dois anos" acabará por transformá-lo aos olhos do povo norte-americano no "Presidente da Esperança".

* * *

O CENTENÁRIO DE MÁRIO

I

Mário Ypiranga Monteiro foi um homem de cultura multiforme, por todos reconhecida e proclamada, à exceção daqueles que a inveja consegue alcançar.

Não posso fixar no tempo a primeira vez que o vi, mas nunca esqueci do quanto com ele aprendi.

Acostumei-me, amiúde, a encontrá-lo às voltas com os livros. Primeiro na minha meninice, na avenida Joaquim Nabuco; depois na juventude, na rua 10 de Julho e praça da Saudade; a seguir, na rua Saldanha Marinho; e já como acadêmico de Direito num sobrado da rua Marcílio Dias. Por fim, na idade adulta, no conjunto BEA-ICA, da rua Paraíba, local em que as parcas economias – sem falar das dificuldades – lhe permitiram fixar a moradia distanciado dos contratos de locação.

Pesquisador nato e autêntico como poucos. No Amazonas talvez tenha sido o único a merecer esse título na área em que atuou. Sua fama e talento percorreram o país inteiro até chegar ao exterior, onde era muito festejado.

Suas obras refletem o escritor de alta produção literária, com mais de meia centena de livros dados à estampa. E o que é mais notável, ao longo da sua existência – alcançou os 95 anos com lucidez espantosa – jamais cedeu ou submeteu-se a quaisquer pressões oficiais ou de interesses particulares, nem a de grupos insensíveis ao folclore amazônico.

Como professor do Ginásio Amazonense Pedro II – e mais tarde Colégio Estadual do Amazonas –, era respeitado pela sua exigência para com os seus discípulos, reflexo da que cultivava para consigo mesmo. Fui dele seu aluno e posso confirmar que o seu nome sempre pairou acima de qualquer restrição ou da mais leve acusação. Ao contrário: justo no conferir a nota, sempre se desvelou em esforços redobrados para que a classe tivesse o máximo proveito da disciplina que lecionava com mestria.

Mais tarde, quando tive um irmão brutalmente assassinado aos 27 anos, nos idos de 1949, foi ele, como advogado da nossa família e assistente do Ministério Público – outro lado profissional que poucos conhecem –, quem participou do 1º julgamento e acabou levando o réu à condenação, pelo Tribunal do Júri, vencendo então três advogados criminalistas de renome nos auditórios forenses do Amazonas.

*   *   *

II

Fui-lhe sempre grato pelo patrocínio, até pela gratuidade com que o exercitou. E a gratidão se ampliou quando, a seu convite, me tornei, no ano de 1983, membro efetivo da Academia Amazonense de Letras. A distância, o tempo e o silêncio jamais foram empecilhos à alegria dos nossos encontros, pois, a cada vez que nos revíamos, parecia que o último ocorrera no dia anterior.

Quando lhe pedi, de certa feita, que fizesse a apresentação de um trabalho meu sobre o seu notável livro *Teatro Amazonas* (à época em 2ª edição), providenciou-a, de forma escorreita, em quatro páginas, de onde retiro parte do último parágrafo:

"Esta apresentação torna-se um agradecimento oportuno e imortal às palavras consagradoras do Senador amazonense no pórtico da glória arquitetônica e artística do maior e mais significativo símbolo de uma época áurea. É este livro meu maior trabalho de estafante pesquisa direta que vem sendo pilhado desonestamente pela nova epiderme intelectual: jornal, revistas, livros, folhetos, tevês, operações faladas e escritas; estão pirateando não só esta, mas todas as minhas obras, uma vez que somente eu tenho cultivado a história amazonense nos seus quadros mais recônditos. Antes de ser publicado o primeiro volume do *Teatro Amazonas*, e ainda na gráfica, foi pirateado por uma Secretaria de Turismo."

Marido exemplar, teve na sua esposa Ana (minha prima de sangue) – que ele carinhosamente chamava de Anita – a companheira da vida inteira, em quem repousava o comando do lar. Pai amigo, os quatro filhos seguiram os seus passos vencedores, três dos quais médicos (Azemilkos, Maurílio e Mário Filho) e uma advogada (Marita), também pesquisadora e historiadora. E entre os netos, figura o acadêmico Mário Neto, que o sucedeu como ocupante da cadeira nº 10.

Neste ano, por ocasião do seu centenário, muitas homenagens lhe serão merecidamente prestadas, já tendo um colega nosso da Academia, o professor doutor Cláudio do Carmo Chaves, tomado a iniciativa em artigo irretocável.

Também eu, agora, presto-lhe este modesto registro, certo de que as suas monumentais e insuperáveis obras – assim como o tempo em que pertenceu à Academia Amazonense de Letras e exerceu a sua presidência – serão fatores grandiloquentes de que ele, realmente, merece o título de imortal.

* * *

SOBERANIA E EXPANSÃO TERRITORIAL

É triste reconhecer, mas o surgimento das civilizações está todo fundamentado na crueldade. Ao longo de toda a história da humanidade, nações foram invadidas por países inimigos, populações inteiras foram dominadas, dando lugar a uma nova concepção de povo, desenhando um outro mapa geográfico para o mundo.

Quando Francisco Pizarro descobriu Cuzco – capital da civilização inca –, esta era inclusive mais limpa e organizada que Madri. Ele não pode suportar e sua fúria foi tamanha e a perseguição tão implacável que destruíram até o idioma, o belo e sonoro dialeto Náuatle.

A nossa região amazônica remonta há mais de 300 anos.

Desde o início do século XVII (1637) que os portugueses se lançaram na conquista e ocupação da Amazônia brasileira, preocupados com o interesse demonstrado pela Inglaterra, França e Holanda.

No século XVIII tímidas providências foram tomadas em relação a nossa área, como a construção de mais fortalezas e tentativas de colonização sob a inspiração do Marquês de Pombal.

Com o passar dos séculos foi tomando forma mais consciente, o que sempre se fez por instinto, desde o ganho de alguns metros de terra por um lavrador até a completa expansão territorial como fator de enriquecimento e poder de uma nação.

Tal conceito expansionista, já ao final do século XX, adquiriu caráter menos importante, uma vez que a modernidade da ciência e da tecnologia, via empresas estratégicas e aportes financeiros, determinaram o domínio sem a necessidade de incorporação de terras. Exemplos desse poder não faltam, bastando olhar para as potências da Europa – incluo parte da Ásia – capitaneadas pela América do Norte.

Todavia, existe um fato preocupante no cenário internacional que é a falência da matriz energética mundial. O petróleo, energia não renovável, está perto de acabar e sem ele o mundo para, instante em que deverão se lembrar daquele gigante na América do Sul, chamado Brasil, de vastíssimas áreas agricultáveis, onde se pode plantar e extrair energia em ciclo autorrenovador. Além da abundância de água potável.

E assim caminha a humanidade. Afinal, a necessidade de expansão territorial não morreu.

* * *

DOUTOR HONORIS CAUSA

Esta coluna é entregue às sextas-feiras, razão pela qual apresento ao meu reduzido número de leitores uma dupla desculpa: a primeira, por girar o tema a meu respeito e a segunda, por não poder relatar o que se passou, à noite, na Universidade Federal do Amazonas, quando ocorreu a solenidade da outorga da mais alta distinção acadêmica: a de doutor honoris causa ("para a honra").

De qualquer sorte, devo registrar que, ao receber o expediente oficial do professor doutor Hidembergue da Frota, reitor da UFAM, dando sequência ao comunicado telefônico do professor Clynio Brandão, diretor da Faculdade de Direito, percorri os olhos pela minha vida pública numa espécie de reprise de fatos e acontecimentos, analisando-os desde os tempos da minha querida Faculdade de Direito do Amazonas, carinhosamente chamada de "Jaqueira", passando pela minha época de deputado estadual, de deputado federal, até quando aportei a minha igarité de caboclo amazonense na cidade do Rio de Janeiro, tangido pelo vendaval dos atos de exceção, os quais impuseram a cassação do meu mandato parlamentar e a suspensão dos meus direitos políticos por 10 anos, além da perda da cadeira de professor da Faculdade de Direito do Distrito Federal, do então Centro Universitário de Brasília. Depois, o retorno ao meu rincão natal, na eleição de deputado federal constituinte e, mais tarde, de senador.

Por que a análise retrospectiva? Por que tão significativa honraria? O que tinha realizado? Acabei chegando à conclusão de que o gesto magnânimo só podia ter como albergue a minha atuação ao longo da vida pública no respeito ao primado do direito e aos direitos inalienáveis da pessoa humana, pugnando sempre pela predominância da lei sobre o poder arbitrário.

Retirei daí, e de pronto, o significado da cerimônia. Ela servirá de exemplo às gerações futuras como atestado eloquente de que aqueles que se portarem com altivez, dignidade, independência, sem perder o equilíbrio, a prudência e a tolerância, deverão ter reconhecida a sua atuação e acabarão por serem premiados. Pois as pessoas não valem só pelos privilégios de fortuna ou pelo poder eventual de que dispõem, mas, sobretudo, pelo trabalho que desenvolvem e pelos ideais que defendem em benefício da coletividade.

Por esse ângulo o prêmio de hoje me envaidece. Direi melhor, enche-me de orgulho. O que me leva a partilhar com todo o Amazonas.

* * *

ÁGUA: O OURO DO SÉCULO XXI

I

Quem ainda não conhece a Amazônia, com certeza se surpreenderá ao visitar a nossa região pela primeira vez. Sua primeira observação: "É muita água." De fato, nela se encontra a maior bacia hidrográfica do planeta, responsável por 20% da água doce que chega aos oceanos. Como a região tem um clima permanentemente quente e úmido, com uma alta taxa de precipitação, as chuvas ainda contribuem para a formação de centenas de pequenos rios e igarapés. Esses pequenos rios formam, como afluentes, alguns dos maiores rios da região: Amazonas, Negro, Solimões, Tapajós, Araguaia, Tocantins, Trombetas, Xingu e Madeira.

O rio Amazonas é o principal sistema fluvial da bacia amazônica. Ele recebe toda a água que circula e despeja no oceano 175 milhões de litros por segundo, um volume que não é superado por nenhum outro rio. O volume é tão grande que sua foz consegue empurrar a água do mar por muitos quilômetros. O oceano Atlântico só consegue reverter isso durante a lua nova, quando, finalmente, vence a resistência do rio. O choque entre as águas provoca ondas de até 5m que avançam rio adentro, com uma força capaz de derrubar árvores e modificar o leito do rio. Esse fenômeno é conhecido com o nome de pororoca, que, no dialeto indígena do baixo Amazonas, significa destruidor.

A maioria dos rios amazônicos é navegável. São 20 e mil quilômetros de via fluvial que podem servir ao transporte em qualquer época do ano. No estado do Amazonas, principalmente, há poucas rodovias. Os rios são nossas estradas. Recentemente, voltou-se a descobrir a vocação da região para o transporte fluvial, e hidrovias como a do Madeira, a do Trombetas e a do Araguaia/Tocantins já funcionam como vias de transporte de produtos da região.

Nunca é demais ressaltar a importância da água para nossas vidas. Ainda mais quando, recentemente, saímos de um apagão justamente porque o recurso de repente se tornou escasso por falta de chuvas. Não é um fenômeno novo, mas é a primeira vez que – por força dos meios de comunicação que temos hoje – a população brasileira foi totalmente mobilizada para economizar energia elétrica. Talvez pela facilidade e constância da eletricidade tenhamos nos esquecido que esse bem é produzido graças à força das águas.

* * *

II

Periodicamente, a própria natureza, que nos é tão pródiga, nos tira um de seus recursos para lembrar-nos de que ele não é infinito e que precisa ser usado com bom senso para que não falte.

À vista disso, da tribuna do Senado reclamei, reiteradas vezes, da necessidade de se usar o regime de urgência para uma legislação atualizada sobre política e gerenciamento de recursos hídricos. É que tinha eu o entendimento de que o Código de Águas – Decreto nº 24.643, de 10 de julho de 1934, em razão da demanda e mudanças institucionais, se tornara incapaz de combater o desequilíbrio hídrico e os conflitos de uso. Além dessas manifestações, publiquei o livro *Direito administrativo. Tema: água*, edição de janeiro de 1997 (esgotada, 663 páginas), provando que o uso sustentável da água está vinculado ao conhecimento da legislação.

Felizmente, a partir de 1997, o país passou a conviver com a Lei nº 9433, de 8 de janeiro, que institui a Política Nacional de Recursos Hídricos e criou o Sistema Nacional de Gerenciamento de Recursos Hídricos, seguida da Lei nº 9984, de 17.07.2000, que criou a Agência Nacional de Águas – ANA. E se uso o termo felizmente é porque nos últimos cem anos a população do mundo cresceu três vezes, enquanto o consumo da água, sete vezes. Como exemplo, basta olhar para o Oriente Médio, a África e os dois países da Ásia que somam 40% da população mundial, China e Índia, onde o problema da água de consumo é hoje quase uma tragédia.

Ademais, os grandes rios da história universal estão agonizantes: o Nilo no Egito, o Colorado no México, o Ganges na Índia, o Amarelo na China. Aliás, a China está transpondo as águas do rio Yang-Tsé para o rio Amarelo, naquilo que é considerada, hoje, a maior obra de construção do mundo, orçada em 60 bilhões de dólares.

Já é tempo de se tornar realidade o raciocínio de que exportar água – como fazem o Canadá e a Turquia – é uma alternativa altamente rentável para a Amazônia, pela grande quantidade de divisas que entrarão na região.

E é bom que se faça antes que os "de lá de fora" concretizem o seu indisfarçável desejo de transformar a Amazônia em "patrimônio da humanidade".

Afinal, cunhei a frase há mais de 11 anos e a continuo repetindo: A água é o ouro do século XXI.

* * *

20 ANOS DO STJ

Nos gabinetes dos constituintes se falava na criação do Tribunal Superior Federal, que ocorreria com a transformação do Tribunal Federal de Recursos. Mais tarde, no entanto, na Comissão da Organização dos Estados, passou a ser chamado de Superior Tribunal de Justiça, com o aproveitamento, na sua composição inicial, dos então ministros integrantes do Tribunal Federal de Recursos, acolhendo ponto de vista do deputado Egídio Ferreira Lima.

Ao receber os trabalhos da Comissão Temática, consolidei, na qualidade de relator da Comissão de Sistematização, os mais diversos textos, publicando o anteprojeto de Constituição. Mais tarde, examinando o significativo número de emendas, aproveitei muitas delas, incluídas no meu 2º Substitutivo.

Nesse passo, cabe um registro: a comissão encarregada de apresentar emendas e sugestões à Assembleia Nacional Constituinte, criada pelo ministro Gueiros Leite, então presidente do Tribunal Federal de Recursos, teve uma atuação destacada e eficiente, não só pelo número de sugestões oferecidas, como pela assiduidade no acompanhamento dos trabalhos.

O presidente dessa comissão, o jovem ministro Pádua Ribeiro – mais tarde presidente do Superior Tribunal de Justiça –, e os demais integrantes souberam transformar o relacionamento com a Constituinte numa cordialidade ímpar, a ponto de ter eu próprio – quando me era possível dispor de tempo, sempre escasso – trocado ideias com o meu velho amigo, Evandro Gueiros Leite, relembrando os tempos em que advogava na Vara Federal, da qual era titular, e, mais tarde, como presidente da Ordem dos Advogados do Brasil, à época com sede no Rio de Janeiro.

Tudo isso me passou pela mente quando vejo hoje – 20 anos decorridos – o acerto da Constituição de 1988 por ter criado uma nova Corte, dando-lhe o nome de Superior Tribunal de Justiça e a ela conferindo a função máxima de aplicação e interpretação da lei federal.

E mais: os constituintes, querendo estreitar a distância que medeava entre os jurisdicionados e o órgão recursal, impusemos no art. 27, § 6º, do Ato das Disposições Constitucionais Transitórias, a criação de cinco tribunais regionais federais, consolidada no mês de março de 1989.

Com o passar do tempo se verifica que falta um com sede no Amazonas.

* * *

EVASÃO ESCOLAR E VESTIBULAR

I

A educação deve ser encarada num tríplice aspecto: biológico, psicológico e sociológico. E por quê? Porque aqueles que só pensavam, em passado distante, na chamada educação física acabaram por se curvar à temática de que ela também se refere aos hábitos, aos costumes, às instituições de sua comunidade.

Essa é a razão do ser humano ter de se ajustar às condições de existência do meio social ambiente. Não foi outro o caminho, na Idade Média, para as criações das primeiras universidades: a de Bolonha, para o estudo do Direito; a de Salerno, para Medicina; e a de Paris, para o ensino das ciências.

Por esse motivo é que os estudiosos proclamam que a educação é um "patrimônio de valores culturais comuns, que, sem excluir o que nela representa a influência do ambiente doméstico, vai encontrar na escola a sua forma característica institucional e contemporânea: primária, secundária, profissional, superior ou universitária".

Ora, se assim o é, não há como, na atualidade, com toda a crise econômica, o sistema de educação deixar de ganhar relevo com a análise que se desenvolveu em dois temas: o vestibular e a evasão escolar.

Basta assinalar que o chamado novo Exame Nacional do Ensino Médio, como vestibular – ou como uma das etapas do processo de seleção para cursos superiores –, é de longe o assunto educacional mais polêmico, sobretudo porque proposta do governo às universidades federais, aquelas que são autônomas.

A par disso, quer o Ministério da Educação implementar novas medidas com o objetivo de reduzir a evasão escolar, porque é problema que atinge sobretudo o ensino médio. E é neste que se encontram adolescentes de 14 a 17 anos.

O titular da pasta de Educação, ministro Fernando Haddad, em declaração recente afirmou que, para reduzir a evasão, a escola tem de vencer a rua. E esclareceu: "o interesse dos alunos pela conclusão do curso tem de superar as muitas tentações para não fazê-lo."

No entanto, há estudos – notadamente da Fundação Getulio Vargas – que apontam aspectos sociais determinantes para essa evasão, tais como: a desestruturação familiar, o desemprego de chefes de família, que aumenta o recrutamento de mão de obra infantil ou adolescente, a desnutrição e a gravidez precoce.

* * *

II

Já pesquisas do MEC apontam que a causa maior é a desmotivação em prosseguir estudando, "uma vez que o interessado não está convencido de que a conclusão de sua formação educacional lhe garantirá melhor padrão de vida".

Daí decorre ter o governo entendido que é preciso reformular o sistema de ensino – sobretudo no nível médio –, tornando-o mais atrativo. Por isso, anunciou a implementação de três medidas: a) construção de escolas técnicas; b) mudança na atuação do chamado "Sistema S"; e c) a ampliação da jornada diária dos alunos na rede escolar pública.

Ademais, aqueles que se submeterem ao novo sistema, não farão o tradicional vestibular, mas sim uma avaliação do Ministério da Educação. Vale dizer: é um teste que despreza o velho hábito de memorização, uma vez que estará voltado para a simplificação, que vai da prova unificada até tornar possível que os candidatos, com uma única nota, possam tentar o seu ingresso em várias faculdades.

O Ministério da Educação vem alertando que esse novo sistema de avaliação "implicará uma mudança substancial – e, sob muitos aspectos, boa". E explica que "a prova deixará de exigir dos alunos quantidades colossais de informação para priorizar o raciocínio e a capacidade de solucionar problemas em quatro áreas de conhecimento".

Para alguns especialistas, essa mudança no vestibular, além de melhorar o ensino médio, terá um fio condutor filosófico: "livrar as escolas brasileiras da velha cultura do decoreba – prática nos colégios desde o Brasil Colônia."

O que merece ser colocado em relevo é que o sistema unificado pode trazer aos estudantes benefícios que não existiam antes, tais como os de pleitear vagas em diversos estados da Federação. Com isso, o aluno não mais precisará se deslocar país afora para se submeter a uma nova prova.

Nesse passo, salientam os técnicos do Ministério da Educação, isso permitirá que os estudantes possam evitar estudar numa faculdade distante do estado em que vivem, como acontece nos dias atuais.

A sociedade nutre a esperança de que isso possa dar certo, porque ela sabe que uma taxa de evasão escolar ao nível de 17% não é compatível com um país em desenvolvimento.

* * *

LEI DE IMPRENSA: STF

Em recente decisão, por maioria dos votos dos seus ministros, o Supremo Tribunal Federal colocou uma definitiva pá de cal na chamada Lei de Imprensa, com a revogação da Lei 5.250, de 9 de fevereiro de 1967, oriunda do primeiro governo militar.

A Corte Suprema, albergada na Lei Maior que lhe confere a guarda da Constituição, tomou como parâmetro da sua decisão não haver a Lei Magna de 1988 recepcionado referido diploma legal, o que o tornava suscetível de ter o fim que acabou por alcançar. O que se fazia tardar, convém salientar, uma vez que tal eliminação já ocorrera com a Lei de Segurança Nacional, a quem a Ordem dos Advogados do Brasil, em tempos idos, denominava de entulho autoritário.

Colho da decisão o que colocaram em relevo os ministros Celso de Mello e Cármen Lúcia. O primeiro, ao votar pela suspensão integral da lei, assinalou que nada mais nocivo do que a pretensão do Estado de regular a liberdade de expressão, para enfatizar que "o pensamento há de ser permanentemente livre, essencialmente livre, sempre livre", enquanto a ministra afirmou "que a democracia não se compadece com qualquer tipo de restrição".

Todavia, para que não se retire da manifestação uma carta de alforria e, a partir daí, uma garantia de que possam os profissionais da imprensa caluniar, difamar e injuriar, necessário se torna lembrar que, caso isso venha a ocorrer, ficarão os infratores sujeitos à legislação penal, como qualquer ser humano.

A par disso, se torna imperioso que sejam estabelecidas regras que disciplinem o direito de resposta e, por igual, os pedidos de indenização, que se vêm tornando uma indústria rentável, como bem assinalou, há algum tempo, o jornalista e advogado Julio Antonio Lopes, em irretocável peça jurídica levada aos auditórios forenses da capital e dos tribunais superiores.

Por fim, é flagrante equívoco confundir liberdade de imprensa com violação do direito individual à honra.

Já escrevi antes e reitero agora: a grande verdade é que uma nação cuja imprensa não é livre, é uma nação em que o medo prevalece sobre a esperança, o ódio subjuga o amor e a vida perde o ânimo de ser vivida.

* * *

MUDANÇAS CLIMÁTICAS

I

O Brasil acompanha, visivelmente entristecido, o ambiente das cheias no Nordeste e no Norte, com os rios transbordando e causando imensos prejuízos à população. Verdadeira calamidade pública.

Não sem razão a chamada Convenção-Quadro das Nações Unidas sobre Mudança do Clima, realizada em Nova Iorque, em 1992, foi adotada e, mais tarde, assinada por 154 países e ratificada por 164, tendo entrado em vigor no Brasil em maio de 1994, após ratificação pelo Congresso Nacional, caminho normal para a adoção interna de acordos internacionais.

Esse ato internacional reflete bem a preocupação com o fato de que o aquecimento terrestre pode vir a ser um dos principais, ou talvez o mais crítico, problemas ambientais do planeta no século XXI. Aliás, essa convenção é o resultado de uma série de conferências internacionais voltadas para a discussão do risco do aquecimento global, decorrente do aumento da temperatura média terrestre, causado principalmente pelo acúmulo de três gases que geram o efeito estufa na atmosfera: o dióxido de carbono (CO_2), o metano (CH_4) e o óxido nitroso (N_2O).

Entre as decisões mais importantes dessa convenção está a do princípio da precaução, segundo o qual atividades capazes de causar danos graves ou irreversíveis ao meio ambiente podem ser restringidas, ou mesmo proibidas, até que haja uma certeza científica absoluta sobre seus efeitos. Além desse, há o princípio da responsabilidade comum, porém diferenciada para os países industrializados – aos quais se atribuem mais de três quartos das emissões de gases de efeito estufa –, destinando-lhes, por conseguinte, a maior quota de responsabilidade na luta contra a mudança do clima e a maior parte da conta a ser paga.

É uma pena que a convenção haja rejeitado cortes obrigatórios nas emissões, sugerindo que as nações desenvolvidas e aquelas de "economia de transição" (Europa central e leste e antigas repúblicas da União Soviética) diminuíssem voluntariamente suas emissões aos níveis de 1990, tendo fixado para o ano 2000 o início do controle, compromisso que ainda não saiu do papel. (E por que não dizer que esse tempo não se recupera mais e, portanto, que os males advindos desse descuido serão irreversíveis?) É deplorável que esse afago tenha custado muito caro à natureza do planeta!

* * *

II

Uma das grandes preocupações levantadas nos meios especializados e expresso nos relatórios do IPCC – Painel Intergovernamental sobre Alterações Climáticas, um fórum especializado que reúne estudiosos do mundo inteiro – é a de que, se as emissões continuassem aumentando no ritmo atual, os níveis de dióxido de carbono deveriam dobrar neste século XXI, comparados aos níveis pré-industriais, provocando uma elevação da temperatura média na superfície terrestre em torno de 2,5° e resultando numa provável elevação do nível do mar e de alguns rios em até 50 cm. E, como se não bastassem essas modificações, ainda sobreviriam catástrofes as mais diversas e mais fome para os desafortunados.

Não se tratava de pessimismo nem de profecias apocalípticas! Foram, isto sim, projeções que levaram à configuração de cenários que estão a se transformar numa terrível realidade se não forem tomadas providências adequadas!

Durante os anos 1990, como consequência lógica da Convenção-Quadro das Nações Unidas sobre Mudança do Clima, e mesmo porque assuntos de tamanha complexidade não se costumam resolver num único evento, foram realizadas mais três Conferências das Partes da Convenção do Clima, com vistas ao estabelecimento de metas, prazos e compromissos efetivos para a redução de gases de efeito estufa, na tentativa de estabelecer protocolos e acordos específicos. A primeira dessas reuniões realizou-se em Berlim, em 1995; a segunda, na cidade de Genebra, em 1996; e, finalmente, em 1997 estabeleceu-se o Protocolo de Kioto, em conferência realizada nessa cidade japonesa. Esse protocolo foi assinado pelo governo brasileiro em 29 de abril de 1998.

Percebe-se nitidamente a participação do Brasil nos assuntos que dizem respeito à mudança do clima, seu envolvimento e os compromissos assumidos, que não são assim tão fáceis de implementar, considerando os recursos materiais e humanos necessários à fiscalização das metas estabelecidas, que contrariam, muitas vezes, poderosíssimos interesses econômicos.

Por isso mesmo, as metas de redução fixadas no Protocolo de Kioto frustraram cientistas e ambientalistas, que apoiavam uma diminuição de 15% nas emissões, que continuam crescendo.

* * *

III

Para se ter uma ideia da dimensão desse problema, basta dizer que só os Estados Unidos aumentaram suas emissões em 13% entre 1990 e 1996. E, como se não bastassem evidências como essa, os compromissos assumidos pelos países foram postergados para o período de 2008 a 2012, sendo possível afirmar que tal fato se deve ao poder de pressão de diversos setores econômicos internacionais, como produtores de petróleo e de carvão e indústrias automotivas, e à posição do governo americano, que, coagido pelo Senado, não aceitou limites obrigatórios de redução e defendeu que países em desenvolvimento também fossem compelidos a reduzir suas emissões, submetendo-se às mesmas restrições dos países desenvolvidos.

Pode-se dizer que os Estados Unidos fazem um jogo estranho, para dizer o mínimo, pois são responsáveis, apenas eles, por 25% (um quarto) das emissões globais. E como o Protocolo de Kioto só entrará em vigor quando estiver ratificado por países responsáveis por 55% das emissões, vislumbra-se, aí, o que representa um "poder de veto" pelos Estados Unidos, já que é muito difícil conseguir a aprovação por dois terços do Senado americano para que o acordo seja ratificado. Ademais, continua a pressão americana para que os países em desenvolvimento adotem metas de redução imediata de emissões, com o argumento de que estes serão os grandes poluidores do futuro, se não começarem logo a reduzir suas emissões.

A Quarta Conferência das Partes da Convenção do Clima também aconteceu em 1998, em Buenos Aires, prevalecendo, de novo, a divisão entre países ricos e pobres, não representando progresso, praticamente, em relação a Kioto. Foi marcado, então, novo encontro para 1999.

O Plano de Ação de Buenos Aires não trouxe metas concretas, além da definição do prazo de dois anos para se buscar solução para as questões ainda em aberto. Uma pequena vitória dos países em desenvolvimento foi a priorização dos CDMs sobre o comércio de emissões. É necessário explicar:

O governo americano defendia a adoção de um sistema global de compra e venda de emissões, baseado nos mecanismos de mercado, para a limitação das emissões dos gases de efeito estufa, aplicando-se mundialmente o esquema já utilizado naquele país para o controle do dióxido de enxofre (SO_2), responsável pela chuva ácida. O modelo se baseia em quotas de emissão, que podem ser comercializadas.

* * *

IV

Como se pode ver, há muito, ainda, a se avançar para uma significativa melhoria das ações dirigidas à prevenção das alterações climáticas, e o Brasil tem de estar atento às movimentações e aos interesses das nações desenvolvidas em relação à Amazônia, pelo que ela representa para a manutenção da qualidade do ar que o mundo todo respira.

Bem! Historicamente não se pode afirmar que o Brasil não se tenha preocupado suficientemente com a Amazônia, mas a ocorrência de falhas na condução da política regional pode ser atribuída à falta de continuidade administrativa, fato histórico neste país, porque, quando advém a alternância de poder, própria e desejável nos regimes democráticos, se esquece ou se abandona muito do que vinha sendo realizado pela administração anterior, sem qualquer avaliação do mérito e desconsiderando-se os benefícios sociais que poderiam advir da conclusão dos projetos em andamento. A necessidade de término de obras e conclusão de projetos está subordinada, tradicionalmente, à possibilidade de conversão dos benefícios em dividendos eleitorais.

Qualquer que seja a forma de ocupação e exploração da Amazônia, é necessário que algo seja feito, para que se alcancem os maiores benefícios possíveis para o homem e para a região.

Assim, os responsáveis pelo meio ambiente no Brasil devem estar sempre muito atentos a todos os atos humanos que possam afetar o sistema ecológico: queimadas, desmatamentos, formação de pastagens ou grandes áreas de plantações de baixa vegetação, atividades de mineração com grande movimentação do solo, garimpagem com utilização de mercúrio, tudo deve ser controlado, para que, num futuro próximo, não venham a ocorrer consequências funestas ou desastrosas ao homem da floresta, seja ele índio ou branco, ou à fauna e à flora amazônicas.

Os cuidados com o meio ambiente vão contribuir, seguramente, para a manutenção do clima favorável e da qualidade de vida na região.

E, quanto a nós, resta desejar que as perspectivas catastróficas divulgadas, não sem razão de todo, possam vir a ser consideradas simplesmente como uma fase que não voltará.

* * *

DIA DE PORTUGAL

I

O "Dia de Portugal, de Camões e das Comunidades Portuguesas" amplia a sua luminosidade no calendário gregoriano, quando 10 de junho emerge do fundo da história nos termos de uma velha melodia e no instante em que vastos contingentes humanos se manifestam e cantam o hino de uma unanimidade de almas que circunda a vetusta cidade de Lisboa.

Cavaleiro andante que pervagou as longínquas paragens do mundo, à hora em que a luzerna do tempo mal clareava a face da civilização, Portugal avocou a si a sorte exausta de um milionário de léguas, contanto pudesse o europeísmo latino formar, no além-mar, fascinantes patrimônios, ensejando o desfecho de um episódio que determinaria a expansão fantástica da lusitanidade. E dir-se-ia que estava ocorrendo a detonação de uma fatalidade espiritual de proporções notáveis, dando à sociedade ocidental um fôlego de grande extensão, com a hegemonia de um empório geográfico jamais ultrapassado.

Europeus, asiáticos, africanos e agrupamentos autoctônicos passariam a compor uma densa comunidade, de fronteiras superampliadas, na dimensão de uma epopeia que abriria na crônica política do globo um espaço extraordinário, a comprovar que o luso é um homem universal. E eis que a intemporalidade da gênese portuguesa instituiu uma originalidade tão própria às belas criações humanas que a óptica do tempo não as exonera da sua severa postura.

Há de considerar-se que as ações de pioneirismo do mapa do mundo, iniciadas com a Escola de Sagres, já se fundavam num embasamento filosófico, porque a Europa, libertada dos martírios contra os cristãos, sedimentou a fé na doutrina de Jesus, em sua ânsia ecumênica. E as missões do cristianismo se agilizaram, uniformizando o bloco dos servos de Deus.

Passado mais de meio milênio do feito das descobertas, fez-se Portugal credor do respeito da imortalidade, no qual os expoentes da heroicidade ingressam com o beneplácito da consciência das eras.

Filho de portugueses, e por isso herdeiro, na minha modéstia, da épica grandiosidade da pátria lusa, entendi de ocupar este espaço para prestar esta homenagem aos portugueses, seus descendentes e aos amigos de Portugal. Isso porque sempre procurei preservar esse honrado legado e, sendo cultor de um passado histórico, mais razões tenho para falar sobre a significação de uma data que nos induz a uma solene comunhão.

* * *

II

Os veleiros que singraram o oceano sob a inspiração da cruz de Cristo levaram a toda parte o evangelho da civilização, ocupando os vazios demográficos e intuindo a índole das novas gerações que se preparariam para o futuro, nas novas terras colonizadas.

O quadro da Primeira Missa sobre a cerimônia celebrada em Porto Seguro, quando ali aportaram as naus de Cabral – uma produção clássica de Vitor Meireles –, sintetiza o ato da estreia de evangelização de Santa Cruz, e num lance de beleza revela o sentimento de hospitalidade de nosso aborígene diante da missão lusa que chegava, para a afirmação de uma aliança entre nativos e europeus.

Merece ser colocado em relevo que, no século XV, quando o Infante Dom Henrique fundara a Escola de Sagres, abrindo as cortinas da era do humanismo, pretendeu, obviamente, instituir uma universidade do mar, com a finalidade de formar navegadores de elevado porte, capazes de saltar os oceanos na busca das terras ignotas, como missionários que iriam cumprir uma expressiva agenda de conquistas, e que – apesar de armados tão somente com o emblema de Cristo – acabaram passando à História como obstinados apóstolos do desconhecido.

Portugal, a mais ocidental das pátrias europeias, já trouxera consigo o compromisso da cintilante vocação para a universidade, razão pela qual não há um contingente do globo em que não esteja assinalada a chegada dos seus veleiros.

A notável comunidade geográfica de Lisboa havia recebido a magnânima benção dos avoengos cristãos. Aí estão o Brasil, na América; Cabo Verde, Guiné-Bissau, São Tomé e Príncipe, Angola e Moçambique, na África; Diu, Damão, Goa, Timor, Macau, na Ásia.

Essas missões definiam como ponto fundamental a lusitanização das terras nativas, o que implicaria ingente tarefa espiritual, de modo a que se instalasse um império linguístico, emoldurado pelos aspectos místicos do cristianismo e da fé.

É clamorosa injustiça admitir-se que os projetos marítimos de Portugal se tenham submetido ao rigor primário de mero aventureirismo. Ao contrário dessa infundada suspeição, as cruzadas oceânicas patrocinadas pela metrópole portuguesa deram execução a um fabuloso plano de descoberta, colonização e humanização dos grandes vácuos verdes, aos quais definiria Elisée Reclus como "Vazio de Ecúmeno".

* * *

III

Nem mesmo assim as procelas das revoltas, das insurreições e das guerras lograram abrir entre nós fraturas idiomáticas ou espirituais. E mesmo que tenham sido essas áreas invadidas e saqueadas pelas hordas piratas, nessas terras não se ergueu o fantasma do babelismo.

Unindo o programa político ao da religião, os antigos supervisores do patrimônio colonial aplicaram as lições do cristianismo sobre o soberbo colosso sul-americano que Pedro Álvares Cabral doara ao universo civilizado.

O ciclo das descobertas mundiais ocorreu com a instauração do renascentismo, instante em que o homem bebeu as lições do humanismo na vetusta vertente latina. E, enquanto os portugueses pisavam em terra firme, no litoral amazônico e nas praias do extremo sul, esses amados avoengos nutriram, de forma induvidosa, a convicção de aqui instalar um polo de civilização tropical em que as velhas palpitações da raça teriam de conjugar-se com as paixões dos povos autóctones.

O corredor geográfico, partindo de Laguna ao Grão-Pará, de que tomamos posse com a descoberta de Cabral, não escapou à lei da fatalidade bandeirista de Lisboa. E ultrapassado o Meridiano de Tordesilhas, houve a arbitragem decorrente dos Tratados de Santo Idelfonso e de Madri, que estenderam os nossos domínios territoriais desde as águas atlânticas aos contrafortes da Cordilheira dos Andes.

Vitorioso o Brasil em pendências diplomáticas, já no ciclo da emancipação nacional, com as do Amapá, do Acre e das Missões, formou-se uma contextura telúrica gigantesca, com aproximadamente oito milhões e quatrocentos mil quilômetros quadrados, em que nos incluímos entre os mais vastos países do mundo, com uma dimensão de flora e fauna espetaculosa, a par de uma rede hidrográfica apaixonante.

De outra parte, não faltaram aos portugueses a acuidade política de sustentar uma doutrina de ocupação territorial tática. Destarte, comprovou-se virtualmente em todo o país a presença lusa, apesar de não raras foram as vezes em que ocorreram surtos de penetração estrangeira, pondo em risco a integridade física e política da nação-colônia.

A essa altura, os notáveis estadistas da lusitanidade, ao longo do tempo, internaram-se nos laboratórios da clássica sociologia política, estudando formas que ensejassem a Lisboa um patrimônio mundial preservado, porque cabia a Portugal sustentar a unidade da língua e do espírito cristão, hoje atributos perpétuos da cultura portuguesa, cujo perfil ético e estético engrandece toda uma tradição peninsular.

* * *

IV

O cristianismo é a bandeira mística do Brasil e o idioma português, o seu indestrutível veículo de comunicação secular.

Sim, porque enquanto diversos povos europeus se exprimem num contexto idiomático fracionário, tal a diversificação dos dialetos, operou-se no Brasil o fenômeno da comunhão expressional, envolvendo todas as emoções da raça e a postura do nosso sentimento histórico.

Luís Vaz de Camões – o gênio do pensamento luso – obtém a imperturbável consagração da História. E *Os Lusíadas*, como alto documento da glória ibérica, firmou-se para todo o sempre como o livro da raça, enfeixando as emoções do espetáculo do renascimento, porque ao recolher em sua obra as manifestações transcendentais da civilização do mar, inscreveu-se no mármore do tempo como um sábio, um gênio, diante dos foros de cultura da humanidade.

Shakespeare, na Inglaterra; Goethe, na Alemanha; Tolstoi, na Rússia; Victor Hugo, na França; Dante, na Itália; Cervantes, na Espanha; e Camões, em Portugal estão consagrados como os sóis da eterna constelação europeia.

E nessa suprema linhagem da inteligência, figura o autor de *Os Lusíadas*, o poeta iluminado que soube escrever para os espaços eternos e o único que viveu e padeceu sob os reflexos de uma glória amargurada. Nem por isso – ou até por isso – deixará a obra camoniana de ser uma verdadeira identidade da índole portuguesa e uma permanente referência de nossa antropologia cultural.

Por tudo isso, esse "Dia de Portugal, de Camões e das Comunidades Portuguesas" exprime toda a eloquência de uma potencialidade pretérita. E os eventos que se insurgiram como rebentações de luz junto às idades acumuladas plasmaram a velha imagem de um país que ensinou lições de paz e dignidade à sociedade ocidental.

Ao concluir esta despretensiosa crônica, não quero fazê-lo, todavia, sem prestar a minha reverência a todos os bravos portugueses que para cá vieram, no passado, e aos não menos bravos que aqui se encontram, no presente.

Finalizo, pois, te saudando, Portugal eterno... berço dos meus avós... Pátria dos meus queridos e saudosos pais... Terra-exemplo para o mundo.

* * *

EUCLYDES DA CUNHA

I

15 DE AGOSTO DE 1909

Toma ele o caminho do endereço: Estrada Real de Santa Cruz, nº 214, bairro da Piedade, Rio de Janeiro.

Chegou. Bateu palmas. No interior da residência estava sua mulher em companhia de um jovem tenente.

Troca de tiros.

Fulminado por uma bala certeira, cai no jardim.

Aos 43 anos desaparece, tragicamente, Euclydes da Cunha, considerado "a mais luminosa figura do cenário intelectual brasileiro".

O presidente da Academia Amazonense de Letras, desembargador federal José Braga, tomou a iniciativa de esse respeitado silogeu reverenciar o centenário de morte de tão extraordinário escritor, patrono da cadeira nº 2 (ocupada pelo brilhante acadêmico Moacir Andrade), considerando que a sua figura, de uma pontiaguda evidência é, um dos acontecimentos mais importantes da literatura brasileira.

Foi desde a infância um ser humano marcado pela fatalidade. Nasceu no município de Cantagalo, interior fluminense, a 20 de janeiro de 1866; com a morte da mãe, vitimada por uma tuberculose, se viu, aos três anos de idade, entregue aos cuidados de uma tia. Com a morte desta, passou a morar com os tios maternos, em São Fidélis, onde aprendeu as primeiras letras (1874).

Os estudos tiveram prosseguimento em Salvador, Bahia, onde permaneceu durante dois anos na casa de sua avó paterna. O ano de 1879 o traz de volta ao Rio de Janeiro, época em que frequentou o Colégio Aquino.

Aos 19 anos ingressou na Escola Politécnica, idade em que se viu obrigado a abandonar o curso de Engenharia, à vista das dificuldades financeiras.

Obstinado, em 1886 iniciou o curso de Estado-Maior e Engenharia Militar na Escola Militar da Praia Vermelha, Rio de Janeiro, quando teve como um de seus professores Benjamin Constant, o maior representante do Positivismo no Brasil, que pregava a revolução através da matemática e propagava as ideias republicanas. Exerceu ele tão forte influência em Euclydes da Cunha que este se tornou um republicano assumido.

* * *

II

Nessa ocasião, entusiasmado pelas ideias republicanas, tomou parte ativa num protesto que foi fundamental na sua vida.

Os cadetes haviam planejado uma solidariedade ao tribuno Lopes Trovão na própria Escola Militar. O ministro da Guerra, conselheiro Tomás Coelho, considerando que a homenagem seria um insulto ao imperador Dom Pedro II, desenvolveu todas as medidas necessárias para frustrá-la, sobretudo porque, àquela altura, a monarquia agonizava (4 de novembro de 1889).

Assim é que, no dia da festa, o ministro da Guerra a ela chegou antes do seu início, esvaziando a homenagem. Esse gesto provocou a reação dos cadetes, que, entre eles, decidiram não apresentar armas, como determinava o Regimento Disciplinar. E mais: colocariam os sabres no chão e dariam "Vivas à República". Infelizmente, só o jovem Euclydes cumpriu a palavra, o que lhe valeu ser expulso das fileiras militares.

Mais tarde, em 1889, já o país sob o regime republicano e graças ao empenho dos amigos, foi reintegrado à Escola, graduando-se, mais tarde, em Engenharia Militar, Matemática e Ciências Físicas.

Curioso é ter sido ele recebido com aplausos – após a expulsão – em São Paulo e, logo a seguir, convidado para escrever no jornal *Província de São Paulo*, o atual *O Estado de S. Paulo*, conhecido como *O Estadão*.

Estava dado o passo importante para a sua carreira jornalística, em termos profissionais.

Foi enviado pelo jornal para fazer a cobertura da Guerra de Canudos, no interior da Bahia, onde se dizia existir um bando de fanáticos, sob o comando de um visionário de nome Antônio Vicente Mendes Maciel, o Antônio Conselheiro, a quem atribuíam os epítetos de charlatão e louco e que carregava a fama de ter assassinado a própria mãe e esposa, o que o tornava temido. Só que isso não passava de uma lenda eis que, segundo alguns historiadores, a esposa teria fugido com um policial, e na visão de outros, que ela teria sido raptada.

Todavia, qualquer das versões, essa circunstância determinou ter ele sumido da região. Envergonhado e desmoralizado, só viria a reaparecer muitos anos depois como o beato Antônio Conselheiro.

* * *

III

Espécie de profeta apocalíptico, atraíra a ira dos governos e contra ele fracassaram várias expedições militares: a primeira, composta de 120 praças; a segunda, de 600 homens; a terceira e a quarta, apesar dos seus poderosos canhões, todas elas fragorosamente derrotadas pelos fanáticos do Conselheiro.

A última expedição, sob o comando do general Machado Bittencourt, ministro do Exército, transformou o arraial e o teatro de operações numa terra arrasada, o que levou Euclydes da Cunha, em admirável narrativa, a descrever o fim de Canudos nesta síntese: "No dia 5 tombaram os últimos defensores. Eram quatro homens: um ancião esquelético, dois homens de meia-idade e uma criança, na frente dos quais rugiam cinco mil soldados."

Foi o genocídio de Canudos – que sempre povoou a sua memória e que dela jamais conseguiu apagá-lo – que o levou a produzir um estudo sociológico no qual mostrou a triste realidade brasileira e que ele considerava ser fruto de uma terra sem justiça, amaldiçoada pelas secas, tudo mergulhado na mais completa miséria cultural e social.

Por tudo isso, *Os sertões* (traduzido para diversos países: Alemanha, China, Suécia, Itália, Holanda, Espanha, Dinamarca, Inglaterra, França e Argentina) pode ser considerado uma obra-prima da literatura brasileira, que Euclydes dividiu em três partes. A primeira, chamou de TERRA (ilustrada por mapas desenhados por ele próprio); a segunda, de HOMEM (análise, do ponto de vista antropológico, de como surgiu Antônio Conselheiro); e a terceira, de A LUTA, na qual descreve o arraial, seus moradores e o confronto com as tropas do Exército que culminou no massacre de Antônio Conselheiro e de todos os moradores do local.

Euclydes da Cunha casou-se com Ana Emília, filha do famoso Major Sólon Ribeiro, mais tarde general – o militar que entregou ao Imperador destronado Dom Pedro II a intimação para abandonar o país –, e teve uma vida conjugal infeliz.

Primeiro, a perda da filha recém-nascida, Eudóxia. Depois, doente e sempre voltado para os livros, não dedicava a mínima atenção à esposa e aos filhos (Sólon Ribeiro da Cunha e Euclydes Ribeiro da Cunha Filho, o Quidinho), levando uma vida de solitário dentro da sua própria casa.

* * *

IV

Para ele, o lar era um inferno e, apesar de famoso, não tinha amor. Pior: a tuberculose minava-lhe os pulmões, em constantes hemoptises.

Digno de destaque é que Euclydes da Cunha foi um precursor na defesa da Amazônia, chegando a considerar que nela o "homem era um intruso, pois ali não era esperado e a natureza ainda estava arrumando o seu mais luxuoso salão".

Em 1904, é designado pelo barão do Rio Branco para realizar um estudo no Alto Purus, em plena floresta amazônica, como chefe da Comissão Brasileira de Reconhecimento do Alto Purus, que definiria as fronteiras entre Brasil e Peru. Permaneceu na região durante dois anos, esquecido pelo governo brasileiro e com a família morando no Rio de Janeiro.

Voltou doente. E da Amazônia, que de há muito sonhava conhecer, narra o drama de miséria em que vivia a população amazônica, atacada por enfermidades e sem recursos para enfrentar a malária. A viagem o marcou tão profundamente que chegou a relatar o fato em seu discurso de posse na Academia Brasileira de Letras, ocorrida no dia 18 de dezembro de 1906.

Curiosamente, frequentava pouco a Casa e raramente comparecia às reuniões, embora tivesse formado um expressivo círculo de amigos, entre os quais Machado de Assis, Silvio Romero e Coelho Neto. Ainda assim, logo após a morte de Machado de Assis, presidiu a Academia, passando, a seguir, o cargo a Rui Barbosa.

Além de *Os sertões*, lançado em 1902 – com várias reedições –, Euclydes da Cunha publicou, em vida, apenas duas obras: *Contrastes e confrontos* e *Peru versus Bolívia*, ambos em 1907.

Torna-se necessário lembrar que, ao escrever o longo estudo *Peru versus Bolívia*, defendeu os interesses bolivianos, o que despertadou a ira do governo peruano contra ele e o Brasil.

As suas obras póstumas tiveram os seguintes títulos: *À margem da História* (1909); *Canudos – diários de uma expedição* (1939 – reeditado, mais tarde, com o título *Canudos e inéditos*, em 1967); *O rio Purus* (1960); *Obra completa* (1966); *Caderno de campo* (1975); *Um paraíso perdido* (1976); *Canudos e outros temas* (1992); *Correspondência de Euclydes da Cunha* (1997); *Diário de uma expedição* (2000).

* * *

V

Diziam que a sua preferência era ficar trancado no escritório, corroído pela doença (a tuberculose), e, apesar de por ela vencido e atingido pelo drama familiar, teve forças para disputar com Farias Brito – filósofo respeitado – a cadeira de Lógica do Colégio Pedro II, saindo vencedor. Nomeado em julho de 1909, sofreu mais uma hemoptise, confirmando o estado debilitado em que se encontrava.

Logo após viria a tragédia... 17 de agosto de 1909. Dilermando de Assis o atinge mortalmente.

Submetido ao Tribunal do Júri, em 1911 (12 jurados, todos homens), ocorreu um empate na votação: seis jurados davam pela condenação de Dilermando e os outros seis, pela absolvição, acabando por prevalecer o entendimento favorável ao réu. O promotor recorreu da decisão e obteve a anulação do julgamento.

Novo júri, dessa vez constituído de sete jurados: o réu foi absolvido por 5 votos a 2, no dia 31 de outubro de 1914, sendo posto imediatamente em liberdade.

Dilermando casa-se com Ana.

Sete anos mais tarde, seu filho Quidinho, ao encontrar Dilermando num Cartório de Órfãos, parte para a vingança.

Nova tragédia: Quidinho morre no tiroteio com o assassino, que logra obter nova absolvição, com a tese da legítima defesa. Só que dessa vez com o patrocínio do notável criminalista Evaristo de Moraes, pai de Evaristinho, outro brilhante criminalista do nosso tempo e que morreu bem moço.

Não ficaria aí a marca do destino em Euclydes. O outro filho, Sólon, nomeado delegado de polícia do município acreano de Tarauacá, ao chefiar uma diligência policial, é morto por um assassino a quem acabara de dar ordem de prisão.

Os filhos abatidos por homicídios distintos. Ele vítima de um crime passional. A tragédia ocorrida em um endereço que tinha o nome de Santa Cruz.

Tudo isso está incomodamente óbvio em sua nitidez. Dilermando de Assis não matou um homem comum.

Tirou a vida de Euclydes Rodrigues Pimenta da Cunha.

Um grande intelectual!

* * *

DEFESA DAS INSTITUIÇÕES

I

Esta coluna tem sido intransigente na defesa das instituições – e se manterá desse modo –, até porque não foi ela criada para ceder a poderosos eventuais ou a correntes políticas. Ademais, nas suas análises não há quem possa lançar a profanação da dúvida.

Na sua existência superou dificuldades, enfrentou incompreensões e não procurou jamais distribuir simpatia a este ou àquele segmento, mas, isso sim, manter-se cada vez mais firme na admiração dos que exaltam a sua independência, sem despojar-se, em nenhum instante, do dever senão do direito de abordar os problemas que afligem a sociedade.

Um deles – de alta significação – diz respeito às instituições pilares da democracia, que vêm merecendo as mais severas restrições.

O Poder Legislativo, por exemplo, adquiriu, de forma lamentável, a sinonímia de tudo que é vergonhoso, refletindo uma imensa vulnerabilidade, como se a política estivesse a sofrer de uma moléstia contagiosa. Os seus integrantes – com raras e honrosas exceções – estão voltados para o pântano insalubre dos interesses puramente pessoais, contribuindo de degrau em degrau para o desprestígio da Casa a que pertencem.

Por outro lado, na esfera do Executivo, há o desrespeito aos dispositivos constitucionais que tratam da investidura em cargo ou emprego público através da aprovação prévia em concurso público de provas ou de provas e títulos e da obediência aos princípios da legalidade, impessoalidade, moralidade, publicidade e eficiência.

Faz-se mister que o Legislativo não seja simples caudatário do Executivo – de quem não pode ficar à mercê –, sob pena de se transformar em mero ajuntamento de pessoas que passam a prestar serviços a esta Casa, notadamente ao presidente da República.

O fortalecimento exagerado do Executivo acaba por submetê-lo a pressões e crises artificiais, provocadas por grupos interessados.

* * *

II

Nesse passo, é oportuno lembrar a lição dos filósofos da Antiguidade, que doutrinavam que o excesso das causas produz efeitos contrários, o que é rigorosamente verdadeiro. Basta assinalar: a luz diminuta, clareia; em demasia, cega; o barulho, quando é pouco, ouve-se; exagerado, ensurdece.

Impende, por essa razão, colocar em relevo que a democracia, em sua essência, resume o consentimento dos governados na investidura do poder, mas traz, em contrapartida, a responsabilidade dos governantes no exercício desse mesmo poder.

Daí, se alguém resolve afrontar a Constituição, o caminho é o Poder Judiciário, a quem cabe a sua guarda, colocando um ponto final nas chamadas cadeias de opressão.

Ante isso, quando uma crise se agiganta, pondo em risco as instituições democráticas, é preciso que a sociedade procure um raciocínio absolutamente linear na sua defesa, a fim de que não sofram elas nenhuma derrapagem, até porque sociedade sem ideias de impulsão nem capacidade de ação é meramente letárgica, mais vencida do que vencedora.

Essa a bandeira deste espaço... defender sempre as instituições democráticas, sem medo nem omissão, porque esta nada mais é do que o subproduto do nada e do não.

Além do que aqueles que se utilizam do escudo do medo ou do aval da omissão não passam de meros prisioneiros do inexistente e haverão de sentir, um dia, que o medo e a omissão nada mais representam do que gestos de covardia, e, por essa razão, jamais merecerão o respeito dos seus contemporâneos ou mesmo a benevolência dos seus pósteros. O que é mais certo: terminarão a sua existência levados ao cadafalso do desprezo público.

É só com esse comportamento que o ser humano desfrutará da intimidade da vitória, pois foi capaz de fazer da dignidade um inalienável princípio de vida.

* * *

STF – ANTECEDENTES HISTÓRICOS

I

Ao Supremo Tribunal Federal, pela sua importância como base da democracia brasileira, compete, principalmente, por força do art. 102 da Constituição de 1988, a guarda da Constituição. Sempre foi assim? Vejamos um pouco do seu histórico.

No início da colonização do Brasil, de 1534 a 1536, foram concedidas capitanias hereditárias, que consistiam na divisão do território colonial em doze porções irregulares, todas com frente para o oceano, o que era realizado mediante cartas de doação e respectivos forais, as quais constituíram a primeira organização política e judiciária do país. Com o fracasso desse sistema, D. João III, que dera a primeira concessão a 10 de maio de 1534, em favor de Duarte Coelho, a quem coube a capitania de Pernambuco, determinou, em 1548, a criação de um governo-geral, expedindo-se quatro regimentos, destinados ao governador-geral, ao provedor-mor, ao ouvidor-geral e aos provedores parciais. O primeiro governador-geral, Tomé de Souza, desembarcou na Bahia em 29 de março de 1549, sendo ouvidor-geral Pero Borges.

O primeiro Tribunal da Relação, criado em Salvador em 1587, deixou de ser instalado por não haverem chegado ao país seus integrantes. Somente em 1609, D. Filipe III expediu alvará ordenando que se constituísse na mesma cidade a Relação do Brasil. Suprimida em 1626, ela foi restaurada em 1652 por D. João IV.

Cerca de um século depois, em 13 de outubro de 1751, surge a Relação do Rio de Janeiro, criada por alvará de D. José I, perdendo a da Bahia o título de Relação do Brasil. Em 1763 a sede do governo-geral é transferida de Salvador para o Rio de Janeiro.

Com a chegada da Família Real Portuguesa, que fugia da invasão do reino pelas tropas de Napoleão, era inviável a remessa dos agravos ordinários e das apelações para a Casa da Suplicação de Lisboa. Decidiu, então, o príncipe regente, D. João, por alvará de 10 de maio de 1808, converter a Relação do Rio de Janeiro em Casa da Suplicação do Brasil, dispondo:

* * *

II

"I – A Relação desta cidade se denominará Casa da Suplicação do Brasil, e será considerada como Superior Tribunal de

Justiça para se findarem ali todos os pleitos em última instância, por maior que seja o seu valor, sem que das últimas sentenças proferidas em qualquer das Mesas da sobredita Casa se possa interpor outro recurso, que não seja o das Revistas, nos termos restritos do que se acha disposto nas Minhas Ordenações, Leis e mais Disposições. E terão os ministros a mesma alçada que têm os da Casa da Suplicação de Lisboa. (...)"

Mediante Carta de Lei expedida em 16 de dezembro de 1815, o príncipe regente elevou o Estado do Brasil à categoria de reino, ficando, assim, constituído o Reino Unido de Portugal e do Brasil e Algarves, "pondo, em consequência, fim ao Sistema Colonial e Monopólio da Metrópole".

O Poder Judiciário no Brasil não tinha qualquer autonomia em relação ao Judiciário português, mas, com a instalação da regência em 1823, foi criada uma sucursal da Casa de Suplicação no Rio de Janeiro, ampliando-se, assim, os juízos pelo litoral do país. Ora, as Relações, que eram órgãos da atuação provincial, ficaram restritas à Bahia e ao Rio de Janeiro, dando origem, como consequência do desenvolvimento do seu papel, ao Poder Judiciário brasileiro.

Vale registrar que, proclamada a independência do Brasil, estabeleceu a Constituição de 25 de março de 1824, no Art. 163:

"Na Capital do Império, além da Relação, que deve existir, assim como nas demais Províncias, haverá também um Tribunal com a denominação de Supremo Tribunal de Justiça, composto de Juízes Letrados, tirados das Relações por suas antiguidades; e serão condecorados com o título do Conselho. Na primeira organização poderão ser empregados neste Tribunal os ministros daqueles que se houverem de abolir."

Cumpriu-se o preceito com a lei de 18 de setembro de 1828, decorrente de projeto de Bernardo Pereira de Vasconcelos, que, após exame da Câmara e do Senado, foi sancionado pelo imperador D. Pedro I, criando-se o primeiro tribunal brasileiro com o nome de Supremo Tribunal de Justiça e que, integrado por dezessete juízes, foi instalado em 9 de janeiro de 1829, na casa do chamado Ilustríssimo Senado da Câmara, tendo subsistido até 27 de fevereiro de 1891.

* * *

III

A denominação "Supremo Tribunal Federal" foi adotada no Decreto nº 510, de 22 de junho de 1890, conhecido como Constituição Provisória aprovada pelo Executivo, e repetiu-se no Decreto nº 848, de 11 de outubro do mesmo ano, que organizou a Justiça Federal.

A Constituição promulgada em 24 de fevereiro de 1891, que instituiu o controle da constitucionalidade das leis, dedicou ao Supremo Tribunal Federal os artigos 55 a 59.

O Supremo Tribunal Federal era composto por quinze juízes, nomeados pelo presidente da República entre cidadãos de notável saber e reputação, com posterior aprovação do Senado. A instalação ocorreu em 28 de fevereiro de 1891, conforme estabelecido no Decreto nº 1, de 26 do mesmo mês.

Pela Constituição de 1891, o presidente da República designava, entre os membros do Supremo Tribunal Federal, o procurador-geral da República.

Após a Revolução de 1930, o governo provisório decidiu, pelo Decreto nº 19.656, de 3 de fevereiro de 1931, reduzir o número de ministros para onze.

A Constituição de 1934 mudou a denominação do órgão para Corte Suprema e manteve o número de onze ministros, dele tratando nos artigos 73 a 77, permitindo que o número pudesse ser elevado por lei e proposta da Corte Suprema até dezesseis

A Carta de 10 de novembro de 1937 restaurou o título Supremo Tribunal Federal, destinando-lhe os artigos 97 a 102.

Com a redemocratização do país, a Constituição de 18 de setembro de 1946 dedicou ao Tribunal os artigos 98 a 102.

Em 21 de abril de 1960, em decorrência da mudança da capital federal, o Supremo Tribunal Federal transferiu-se para Brasília. Está sediado na Praça dos Três Poderes, depois de ter funcionado durante 69 anos no Rio de Janeiro.

No período do regime militar, o Ato Institucional nº 2, de 27 de outubro de 1965, aumentou o número de ministros para dezesseis, acréscimo revogado pela Constituição de 24 de janeiro de 1967, que restabeleceu o número de onze ministros (art. 118). Com base no Ato Institucional nº 5, de 13 de dezembro de 1968, foram aposentados, em 16 de janeiro de 1969, três ministros: Victor Nunes Leal, Evandro Lins e Silva e Hermes Lima.

* * *

IV

Com a restauração da democracia, a Constituição ora vigente, promulgada em 5 de outubro de 1988, realçou expressamente a competência precípua do Supremo Tribunal Federal como guarda da Constituição, dedicando-lhe os artigos 101 a 103. Por essa razão, tem ele, no desempenho de suas funções, um grave compromisso com o Brasil e com o seu povo: preservar a intangibilidade da Constituição que nos governa a todos.

Disse bem o ministro Carlos Britto: "O Supremo Tribunal Federal é uma Casa de realização de destinos", fato comprovado com as suas recentes decisões – "controvérsia sobre as pesquisas científicas com as células-tronco embrionárias; a inconstitucionalidade do nepotismo; a limitação do uso de algemas; e o reconhecimento da primazia dos tratados internacionais de direitos humanos sobre a legislação infraconstitucional brasileira". A jurisdição é, portanto, hoje, monopólio do Poder Judiciário.

Como curiosidade – ao encerrar esta série de artigos, vale registrar um exemplo de nomeações para a Corte Suprema dos Estados Unidos da América do Norte pelos presidentes da República: em 34 anos, cinco presidentes nomearam oito ministros para a Corte Suprema.

Já o presidente Lula, em menos de seis anos de mandato, nomeou sete ministros (Carlos Brito, Cesar Peluzzo, Eros Grau, Joaquim Barbosa, Cármen Lúcia, Ricardo Levandowski e Carlos Alberto Direito). E antes de encerrar o seu segundo mandato terá a oportunidade de nomear mais dois ministros (falecimento do ministro Carlos Alberto Direito e aposentadoria do ministro Eros Grau), alcançando um total de nove nomeações em onze titulares do STF. Recorde jamais imaginado.

Finalmente, cabe um esclarecimento quanto ao registro de que o Supremo Tribunal Federal deu ao Brasil a primazia de ser o primeiro órgão a ter em seus quadros um ministro de cor negra: Joaquim Barbosa. Essa versão não corresponde à realidade histórica, porque o primeiro juiz negro a ser nomeado para uma Corte Suprema foi Thurgood Marshall, no ano de 1967, pelo presidente democrata Lyndon Johnson. E o segundo, mais recente, em 1981, pelo presidente Bush, pai, o juiz Clarence Thomas, que era considerado um afro-americano de direita, enquanto o primeiro era liberal e progressista.

* * *

RUI BARBOSA: FRAGMENTOS

I

Aproxima-se o mês de novembro. Nesse mês, no dia 5 do ano de 1849, nascia Rui Barbosa de Oliveira, filho do casal João José Barbosa de Oliveira e Maria Adélia Barbosa de Oliveira.

João José pertencia ao ramo pobre de uma antiga família baiana. Conheceu a orfandade desde os primeiros anos e só lhe foi possível ingressar na Faculdade de Medicina da Bahia graças ao auxílio de parentes.

Do casamento com a prima nasceu, primeiro, uma filha, Brites, de quem não se tem notícia de que a obrigava, como fazia com Rui, a ler os clássicos portugueses. Daí, já aos 10 anos de idade, recitava Camões e Vieira do alto de uma velha mala.

Seu talento o colocou em primeiro lugar da turma do curso ginasial, aos 15 anos, quando recebeu uma medalha de ouro e pronunciou seu primeiro discurso público.

Sobre a sua oratória, contou-me, de certa feita, o saudoso ministro Waldemar Pedrosa – um dos mais ilustres amazonenses de todos os tempos – que Rui alcançou a celebridade mundial ao representar o Brasil na Conferência de Haia.

Foi ela convocada pela rainha da Holanda e pelo czar da Rússia. Era a Segunda Conferência de Paz, com início marcado para 15 de junho de 1907, uma vez que a primeira, realizada em 1899, reunira poucas nações e o Brasil, convidado, não compareceu, argumentando que era indispensável a participação de outras repúblicas sul-americanas.

Nessa conferência, o representante dos Estados Unidos, Joseph Hodges Choate, discutia a formação de uma Corte Permanente de Justiça Internacional, quando enfatizou que os países seriam classificados em categorias, conforme o poderio militar: os mais fortes formariam o Tribunal Permanente de Arbitragem.

Seu discurso foi intensamente aplaudido, visto que, além de exímio orador, sua posição era exatamente igual a das grandes nações europeias. Como de praxe, os participantes aguardavam a tradução para o francês, idioma oficial da conferência.

Uma surpresa ocorreu. Rui pede a palavra. Os demais supunham que ele daria o seu apoio à proposta norte-americana.

Nesse instante, o presidente da conferência, o russo De Martens, o interrompe, sem disfarçar a mordacidade: "Não poderá o senhor esperar a tradução do intérprete"?

* * *

II

Ao que Rui redarguiu, com altivez: "Ele antes ouvirá a minha resposta. Assim, a tradução dos dois discursos será efetuada de uma só vez." Num inglês escorreito, Rui mostrou as graves contradições das grandes potências, eis que estimulavam a corrida armamentista num conclave intitulado Conferência de Paz.

Waldemar Pedrosa concluía o seu relato salientando que, no Brasil, as notícias chegavam exageradas e a fama de Rui crescia a tal ponto que o seu aparte, em inglês, era contado assim: "Em que língua querem que eu fale? Falo todas as línguas vivas ou mortas."

Aos 40 anos de idade Rui assumiu o Ministério da Fazenda, na gestão Deodoro da Fonseca, e dois fatos marcaram a sua passagem: – a Relatoria da Constituição de 1891 e o encilhamento. Quanto à primeira, desnecessário qualquer digressão, pois foi quase toda de sua autoria. Já o encilhamento, designação dada em gíria turfística à preparação dos cavalos para entrar na raia, gerou uma profunda crise.

À época, Rui não podia contar com empréstimos externos – eram negados ao governo brasileiro – e, querendo transformar o regime colonial, se utilizou de um expediente usado por

Abraham Lincoln: substituiu o ouro por títulos de dívida federal como lastro de emissões bancárias. E mais – o que resultou num grande equívoco –, tornou extensivo o direito de emissão a vários bancos. Ora, àquela altura o Brasil era dividido em seis zonas, cada qual com um banco emissor. Acontece que as respectivas emissões eram destinadas a financiar a implantação da indústria, o que não ocorreu, gerando o desvio para todo tipo de negócios, alguns meramente fictícios.

Sufocado por uma violenta inflação, a concorrência entre as mais variadas empresas – suas ações disputavam na Bolsa do Rio de Janeiro os favores do público – gerou uma desenfreada inflação. Daí, o nome que deram a esse período: encilhamento.

A verdade é que as boas intenções de Rui acabaram por lançar o país numa tremenda crise, levando todos a colocarem nele a culpa. Acusado por todas as correntes como o único culpado, deixou o governo. E o fez profundamente magoado.

Anos mais tarde, com 44 anos de idade, participou da fundação da Academia Brasileira de Letras, assumindo a presidência da entidade em 3 de outubro de 1908, com a morte de Machado de Assis, nela permanecendo ate 1919.

* * *

III

Em 1909, morre Afonso Pena e assume a presidência o vice Nilo Peçanha, que abraça a candidatura do então ministro da

Guerra, Hermes da Fonseca, como candidato da situação. De imediato a oposição se fixou num nome para ser seu candidato. Escolhido, teve início uma campanha muito forte contra a máquina eleitoral oficial, a qual continha vícios de todas as origens. Identificando cada ponto, Rui certificou-se de que a máquina governamental impediria, a todo custo, sua vitória, dando início ao que ficou conhecido como campanha civilista.

Ao longo da campanha, produziu muitos desabafos e talvez o mais célebre tenha sido este: "Que me importa a mim, senhores, o espantalho. Não nasci cortesão. Não o fui do trono. Não quis ser da ditadura; da própria nação não o sou; não o serei das baionetas." A derrota veio inevitável. Os governadores não o apoiaram, os militares, "acreditando salvar o país da corrupção e da incompetência dos bacharéis", patrocinaram a vitória de Hermes da Fonseca, eleito em 1910.

Curioso é que, tendo sido reconhecido e proclamado como uma das maiores inteligências, imenso cabedal cultural, excelente orador, uma das excepcionais figuras do Senado Federal de todos os tempos, viu-se novamente derrotado ao postular a Presidência, quando a ela concorreu, por Epitácio Pessoa. Estava, então, com 70 anos.

No final da Primeira Grande Guerra, recusou a chefia da Delegação Brasileira à Conferência de Paz, porque se considerava moralmente incompatibilizado com o ministro das Relações Exteriores. Logo a seguir, de forma surpreendente, recebia uma consagração inesperada: a sua eleição, pelo Conselho da Liga das Nações, para a Corte Permanente de Justiça Internacional.

Cultivava hábitos rígidos: levantava-se às 4h30. Dirigia-se à sua biblioteca até a chegada da barbeiro, às 6h15. Após o banho quente, às 7 horas em ponto, tomava o chá preto com leite, pão quente com manteiga, sempre em companhia da esposa.

Ao final do ano de 1922, recolheu-se à sua casa em Petrópolis, a fim de convalescer de uma pneumonia. A morte o encontrou meses depois, no dia 1º de março de 1923, aos 74 anos.

Perdia o mundo jurídico, literário, jornalístico um homem de 1,58m de altura e estatura moral de gigante. Rui: o patrono da integridade do solo amazonense.

* * *

ORDEM DO SANTO SEPULCRO

I

No dia 8 de outubro, na Igreja Nossa Senhora da Glória, na Praça Nossa Senhora da Glória, no Rio de Janeiro, foi realizada a cerimônia da Investidura de Cavaleiros na Ordem do Santo Sepulcro de Jerusalém, presidida por seu grão-prior, D. Filippo Santoro, bispo de Petrópolis, e seu lugar-tenente, Gustavo Affonso Capanema.

As origens da Ordem da Cavalaria do Santo Sepulcro de Jerusalém remontam à primeira cruzada, quando o seu líder, Godofredo de Bulhão, libertou Jerusalém.

A história registra que o primeiro Rei de Jerusalém, Balduíno I, em 1103, assumiu a chefia dessa ordem canônica e teve o cuidado de reservar para ele e seus sucessores a prerrogativa e o direito de nomear os respectivos cavaleiros.

A Ordem era composta de membros regulares – conhecidos como frates –, seculares – confrates – e militares, estes escolhidos entre os cruzados pelo valor e dedicação comprovados. Curioso é que eram obrigados a fazer votos de obediência de pobreza, tendo como missão precípua a de defender o Santo Sepulcro e os Lugares Santos, sempre sob o comando do rei de Jerusalém.

A Ordem começou a se ressentir como um corpo militar coeso de cavaleiros após a monumental reconquista de Jerusalém pelo Imperador Saladino, em 1182. E deixou de existir com esse arcabouço após a derrota sofrida em 1291, em S. João de Acre.

Essa situação se agravou com o fim do reino cristão de Jerusalém, que acabou por deixar a Ordem sem liderança, muito embora fossem mantidos alguns priorados na Europa graças à proteção dos reis, príncipes, bispos e da própria Santa Sé, a qual, no século XIV, se viu obrigada a efetuar um elevado pagamento ao sultão do Egito para que este desse permissão aos frades franciscanos de proteger os santuários cristãos.

Muitos anos depois, já em 1847, o Patriarcado foi restaurado e o papa Pio IX modernizou a Ordem, dando-lhe uma nova Constituição e a colocando sob a proteção direta da Santa Sé, ficando definido o seu papel fundamental: ajudar nas obras do Patriarcado Latino de Jerusalém, preservando a obrigação espiritual de propagar a fé.

Coube ao papa Pio XII, em 1949, decretar que o grão-mestre da Ordem deveria ser um cardeal da Santa Igreja de Roma, designando o Patriarca Latino de Jerusalém como grão-prior. No entanto, em 1962, o papa João XXIII e, em 1967, o papa Paulo VI reorganizaram e revitalizaram a Ordem, acrescentando ditames especiais à sua Constituição, tornando as atividades mais coordenadas.

* * *

II

Mas, foi sob a clarividência de João Paulo II – até hoje considerado o insuperável sumo pontífice – que a Ordem teve o seu estatuto ampliado, passando a ser uma associação pública de fiéis com personalidade jurídica canônica e pública, constituída pela Santa Sé ao abrigo da Lei Canônica.

Relembrando a sua história, o lugar-tenente Gustavo Affonso Capanema – filho do saudoso ministro Gustavo Capanema, da Educação – ressaltou que era com grande alegria que a Ordem do Santo Sepulcro de Jerusalém, sob a sua direção, dava continuidade as suas atividades no Brasil, investindo novos cavaleiros, os quais, dessa solenidade em diante, seriam verdadeiros soldados, fortes e valorosos, que lutariam com a certeza de que o reino de Deus não se conquista pela espada, mas, sim, com fé e caridade.

A seguir, deu-se lugar à celebração da santa missa. A igreja é belíssima e ganhou enorme prestígio quando da chegada da corte portuguesa, em 1808, sendo que a família real tinha especial predileção por ela. Dizem os historiadores que, em 1819, a princesa Maria da Glória foi trazida por seu avô, D. João VI, para a cerimônia da consagração, e que, em 1849, D. Pedro II outorgou o título de "Imperial" à Irmandade. No dia 1º de novembro de 1950 o papa Pio XII conferiu à Igreja da Glória o título de "Basílica Nacional da Assunção".

Em verdade, ela é considerada uma joia arquitetura seiscentista e um dos maiores patrimônios da arquitetura colonial religiosa brasileira. A historiografia registra diversas versões quanto à autoria e à data da sua construção. Todavia, a versão mais aceita é a de que as obras datam da segunda metade do século XVIII, por volta de 1714, concluídas em 1739, e que teriam sido confiadas ao engenheiro e arquiteto, tenente-coronel José Cardoso de Ramalho, que alçou ao posto de capitão de infantaria da capitania do Rio de Janeiro graças à nomeação feita por D. João V.

E aqui e agora vai o motivo maior deste registro. Estava eu ao lado de Dom Luiz Soares Vieira, nosso reverendíssimo arcebispo de Manaus, quando Dom Orani Tempesta, arcebispo do Rio de Janeiro, e Dom Filippo Santoro, bispo de Petrópolis e grão-prior da Ordem do Santo Sepulcro de Jerusalém, encareceram, com muita insistência, para que a homilia fosse feita por Dom Luiz. Este, apesar da elevada homenagem que lhe era prestada, tentou, com a sua habitual modéstia, recusá-la, argumentando que não se tinha preparado para tão grande responsabilidade.

* * *

III

A sua recusa não prosperou. Sucumbiu Dom Luiz aos apelos que lhe eram dirigidos com a maior sinceridade.

Iniciada a santa missa e feito o convite aos cavaleiros que se integrassem à Ordem, apresentados os candidatos, os seus propósitos, a investidura e entrega das insígnias, feita a Oração dos Cavaleiros, passou-se às leituras das orações, do salmo e da homilia.

Nesse instante, Dom Luiz inicia a sua pregação como costumam fazer os grandes oradores sacros: culto, sereno, austero – embora profundamente cortês e amável –, próprio da autoridade consciente da responsabilidade que lhe fora, de surpresa, cometida.

Tão amável que as suas primeiras palavras foram as de colocar em relevo que a sua presença na solenidade tinha o objetivo de homenagear dois amazonenses (citou os seus nomes) que estavam sendo contemplados com a grande honraria de Cavaleiros do Santo Sepulcro de Jerusalém.

A seguir, de forma tranquila, relembrou a história da Ordem, citou vários pensadores da Igreja Católica e, pouco a pouco, foi conquistando a numerosa assembleia que lotava a igreja. O silêncio era tão palpável que parecia uma espécie de clamor de tudo aquilo que não fala. Absoluto. Nem sequer o mais leve sussurro.

Ao final, ao encerrar a homilia, mesmo sem a preparação que reclamara, sem ser traído pela emoção – o improviso é sempre um voo cego –, provou Dom Luiz que naquele púlpito se encontrava um servo de Deus que nada ficava a dever aos maiores oradores sacros de todos os tempos. E, assim, qual jardineiro que por amor às rosas enfrenta os espinhos, ele, por amor a Deus, é capaz de enfrentar todas as atividades terrenas.

Ao descer do púlpito, a plateia – rompendo todas as convenções, quebrando todos os protocolos – irrompeu numa demorada e estrondosa salva de palmas, demonstrando que aquele homem de pequena estatura é um gigante da Igreja Católica.

Nós, os seus admiradores e amigos, sem exceção, que ali nos encontrávamos, sentimos um amazônico orgulho em proclamar para o nosso íntimo: Este é o nosso arcebispo! Este é Dom Luiz Soares Vieira.

Ah, ia-me esquecendo: os dois amazonenses que Dom Luiz citou como agraciados com a grande láurea de cavaleiro, foram, um, o médico Cláudio do Carmo Chaves e, o outro, o filho de dona Cecília e "Sêo" Antonio, ambos portugueses de boa cepa.

* * *

COPENHAGUE: E AGORA?

I

No próximo mês de dezembro, na cidade de Copenhague, capital da Dinamarca, representantes de 192 países se reunirão a fim de encontrar uma saída para o problema que tem dado tanta dor de cabeça aos cientistas: as mudanças climáticas.

Quando tive a honra de representar o meu estado, no Senado, fiz questão de me alinhar entre os que desenvolviam as suas preocupações com os recursos hídricos, o meio ambiente, as emissões de carbono na atmosfera, o desmatamento na Amazônia, e, assim, procurar criar um grau de motivação para os que encaravam o problema com nítida indiferença.

Cheguei, inclusive, a lembrar a frase do ministro das Relações Exteriores da Grã-Bretanha, David Miliband, ao afirmar "que as mudanças climáticas resultarão em migrações em massa, secas e falta de água, provocando tensões e conflitos nacionais e internacionais". E enfatizava: "cientistas avisam que os efeitos de uma elevação de temperatura de mais de dois graus sobre o planeta seriam catastróficos."

A minha pregação – se posso usar esse termo – citava a celebração do Dia Mundial da Terra, em 1970, as Conferências de Estocolmo, em 1971 e 1972, as Conferências Villach, em 1980 e 1985, e destacava que essa preocupação motivou a criação de movimentos ecológicos e mesmo de partidos (a Alemanha, foi a primeira) que se voltaram para a preservação da natureza, do meio ambiente e, sobretudo, das florestas tropicais.

Nessa minha pregação, coloquei em relevo a tese defendida pelo saudoso professor Samuel Benchimol – pioneiro no assunto – de que os países desenvolvidos deveriam pagar um imposto sobre as emissões de carbono que colocavam na atmosfera, em torno de 80%.

Tudo em vão, muito embora demonstrasse que o problema não poderia ser observado apenas do ponto de vista científico ou econômico, mas também do ângulo político, econômico e social.

Agora, finalmente, surge um novo horizonte com essa futura reunião em Copenhague, eis que a questão das mudanças climáticas está colocada a esta altura de forma inarredável, obrigando ao aprofundamento do diálogo e da cooperação internacional.

* * *

II

Isso porque estudos recentes apontam que o mundo emitirá, neste ano, 49 bilhões de toneladas de carbono. Em 2020, se nada for feito, serão 61 bilhões de toneladas, salientando os estudiosos que até o fim deste século a temperatura média terá subido entre 1,8 e 4 graus, gerando consequências que levarão não só ao desconforto mas – o que é muito pior – ao cataclismo.

A posição do Brasil a ser levada a Copenhague está dividida entre o Ministério do Meio Ambiente e o Itamaraty, sendo que o primeiro defende metas claras e o segundo prefere que a proposta brasileira se restrinja a um plano de ações sem compromisso com resultados, com a qual, segundo uns, teria o presidente Lula dado indicação de que com ela concordaria, à vista da sua flexibilidade.

Por outro lado, o Painel Intergovernamental de Mudanças Climáticas (IPCC na sigla em inglês), criado em julho de 1986 pela ONU, vem alarmando a população mundial com as chamadas "projeções climáticas", algumas delas exibidas num filme de Al Gore, cuja exibição foi proibida na Inglaterra por decisão da Corte Suprema até que fossem corrigidos os erros graves apontados.

Todavia, em junho deste ano, foi publicado nos EUA o relatório, de 897 páginas, "Climate Change Reconsidered, the Report of the Nongovermental Panel on Climate Change" que analisa o que afirma o IPCC e o contesta, do ponto de vista científico. Segundo estudo do professor José Carlos Azevedo em derredor desse texto, o IPCC não sabe mais o que diz, uma vez que registrou no seu último relatório de 2007 que "a maior parte do acréscimo da temperatura média global observada desde meados do século vinte é muito provavelmente (very likely) devida ao aumento observado da concentração de gases de efeito estufa". E fulmina o professor Azevedo: "Triste fim."

Por sua vez, a Agência Internacional de Energia, em afirmação feita no início deste mês, salienta que serão necessários investimentos de 10 trilhões de dólares norte-americanos, nos próximos vinte anos, a fim de que seja limitado o aumento da temperatura.

Daí o título desta crônica: Copenhague: e agora?

* * *

MESTRE OYAMA

Recebi a notícia com algum atraso. Encontrava-me no exterior.

Morreu o professor Oyama César Ituassú da Silva, ou simplesmente Mestre Oyama, meu dedicado catedrático de ontem, na Faculdade de Direito do Amazonas, e amigo de sempre. A ele fiquei devendo, sem jamais ter pressentido – embora lhe tenha confirmado, pessoalmente –, diversas vitórias no campo do Direito Internacional, sobretudo no exterior, mercê da disciplina que com tanta preferência lecionou.

Homem de extensa cultura jurídica e literária, soube utilizar a sua retórica e o fulgor do seu verbo como verdadeiras obras de ourivesaria que só um joalheiro do seu quilate poderia expor nas vitrines de alto valor.

Quando nos encontrávamos no Rio de Janeiro, frequentávamos juntos a Academia Guanabara, na rua Raimundo Correia, Copacabana, sob o comando do Professor Tibi. Era ele um verdadeiro ginasta, pois entre todos nós – mais moços do que ele – ninguém conseguia realizar a sua proeza: exercícios abdominais no trapézio.

Nunca nos perdemos de vista e cultivamos a amizade com redobrada fidelidade, o que foi capaz de vencer o tempo, a distância e o silêncio.

Quando fui eleito para membro efetivo da Academia Amazonense de Letras, em 18 de setembro de 1982, o então presidente e notável homem de letras, acadêmico João Mendonça de Souza, comunicou-me, através do ofício de 21 de setembro de 1982, que tinha sido designado para saudar-me, por ocasião da posse, o "acadêmico desembargador Oyama César Ituassú da Silva".

Era um prêmio para mim. Seu discurso de saudação ao antigo aluno e sempre discípulo foi notável, exuberante, arrebatador. E, logo ao início, envolvente com estas palavras: "...alicerçastes o vosso porte de modo tal que somente pela força do talento atingistes o sufrágio unânime desta Casa para nela e com ele ingressardes na imortalidade." À medida que avança no fio condutor filosófico do seu texto, Oyama confirma o que sempre foi: o homem que soube pelejar, qual êmulo de Dom Quixote, contra os moinhos de vento que surgiram no seu horizonte. E deles sair vitorioso.

Até sempre, querido Mestre Oyama.

* * *

MIGUEL TORGA

I

Há alguns anos, Zuleide e eu costumamos frequentar, quando possível, a cidade de Chaves, na fronteira de Portugal com a Espanha. Ali, no balneário que compõe as chamadas Termas, deparei com personalidades ilustres do mundo literário e político de Portugal e Espanha.

Entre eles, uma para mim tinha significado maior. Diversas vezes cruzamos os nossos passos, mas nunca o interrompi para qualquer indagação, ou mesmo para satisfazer uma natural curiosidade, pois sabia que ali se encontrava cuidando da saúde; portanto, o merecido respeito a quem era considerado um homem de trato difícil e de quem se propalava que se afastara das elites intelectuais por considerá-las pedantes.

A minha intenção era dizer-lhe que sabia um pouco da sua vida, até mesmo porque, quando menino, ingressara ele no Seminário de Lamego, cidade onde ocorreu o nascimento de minha saudosa mãe, sete anos antes de vir ele ao mundo. E mais, ter eu conhecimento de que aos 13 anos viera para o Brasil e, em Minas Gerais, trabalhara como capinador, apanhador de café, vaqueiro e até caçador de cobras, na fazenda de um tio que já se encontrava no Brasil há muito tempo.

Curiosamente, foi esse tio que identificou naquele garoto a vontade de estudar, o que o levou a custear os seus estudos no Liceu Leopoldina, onde, de imediato, se destacou como um dos alunos mais dotados.

Aos 18 anos regressa a Portugal, em Coimbra termina o Liceu e frequenta a Faculdade de Medicina, concluindo o seu curso aos 24 anos e aos 34, a sua especialização em otorrinolaringologia.

Médico atuante, cultiva ao mesmo tempo a literatura e se torna colaborador da revista *Presença* – importante órgão difusor da segunda fase do modernismo português –, dela se afastando mais tarde, instante em que confirmou, com esse gesto, a sua tal forma intransigente que o manteve afastado por toda a vida de escolas literárias e até do convívio com os círculos culturais portugueses.

Tudo isso era reflexo da sua origem: proveniente de família humilde, nascido em 12 de agosto de 1907, em São Martinho da Anta, distrito transmontano de Vila Real, infância rural dura, viveu a realidade do campo, cercado de árduo trabalho contínuo, contacto com as misérias e com a morte, o que lhe valeu tornar-se poeta do mundo rural.

* * *

II

No seu segundo livro: *O outro livro de Job*, de poesia (o primeiro, *Ansiedade*, de 1928), o nome de batismo, Adolfo Correia Rocha, submerge pela força do pseudônimo Miguel Torga, por ele escolhido de forma propositada. Foi o caminho encontrado para homenagear duas glórias da literatura espanhola, dois Miguéis – Cervantes e Unamuno –, e a natureza rude e selvagem que tanto impactou a sua mocidade. Torga é uma planta brava da montanha.

Sua criação literária foi intensa. Mais de cinquenta obras em prosa e poesia, além de peças de teatro e um diário em dezesseis volumes, publicados entre 1941 e 1994. Vale colocar em relevo: *Rampa* (1930); *Orpheu rebelde* (1958); *Poemas ibéricos* (1965); *Criação do mundo* (1931); *Bichos* (1940); e *Novos contos da montanha* (1944).

Indicado diversas vezes para o Prêmio Nobel de Literatura, conseguiu antever no *Réquiem por mim*, último trecho do seu *Diário*, que o seu fim chegaria em breve. Morreu dois dias depois, em 1995, aos 88 anos de idade.

Nesse ano, perguntei ao doutor Mário Carneiro – diretor clínico das Caldas de Chaves (e seu médico particular), como era, do alto dos seus sessenta anos ininterruptos de exercício da medicina, ter sido o profissional que cuidara do seu colega Miguel Torga – ambos quase da mesma idade. A sua resposta, cautelosa – sempre se recusou a prestar declarações à imprensa sobre o seu cliente –, trouxe-me uma revelação.

Ele, Miguel Torga, tinha um coração sensível, apesar da constante rudeza: jamais cobrara consultas, na sua especialidade médica, aos menos afortunados. E concluiu a sua lacônica revelação: apesar de poucos amigos, era um homem de conversa agradável.

Pena que dele não me tenha aproximado o suficiente para dizer-lhe o quanto admirava a sua postura cívica, sobretudo quando denunciou os crimes da guerra civil espanhola e do ditador Franco, o que lhe valeu a prisão pela polícia portuguesa, além da apreensão de suas obras pela censura.

Lamento, profundamente, não lhe ter feito as perguntas que me inquietavam e deploro não ter dele podido ouvir as respectivas respostas.

* * *

NATAL

E o Natal chegou.

O mundo inteiro registra a data.

As celebrações, comemorações, festividades diversas são anunciadas.

Essa é a época que mais me traz de volta – como se vivos estivessem – os meus saudosos pais, Cecília e Antonio. Portugueses de nascimento, o momento era de confraternização e, por essa razão, se valiam de uma palavra-chave: consoada.

Sem sabermos o significado dessa palavra, o papai explicava a mim e aos meus irmãos que era a ceia familiar da noite de Natal.

No entanto, o que nos causava expectativa – imensa, aliás – era a vinda do Papai Noel, quando, no dia seguinte, comprovávamos se ele nos tinha atendido os pedidos formulados. O que nem sempre acontecia e que, crianças, desconhecíamos a razão.

Ao cairmos, meus irmãos e eu, na realidade, mais tarde, de que a sua existência era dar alegria aos inocentes em data tão significativa – o nascimento de Jesus –, ruía toda a magia que nos inspirava aquele velhinho de barbas brancas e roupas da cor do vinho. Aquela esperança de termos os nossos brinquedos se transformara, daí por diante, em frágil aspiração em trânsito para o desencanto.

Com o tempo, comecei a perceber o quanto a manjedoura – com todo seu esplendor – ficara para trás. O presépio – com a sua incomparável mensagem de humildade – cedera lugar a uma desenfreada máquina de publicidade comercial.

Basta ver como hoje os departamentos, os shoppings, as lojas porfiam entre si para demonstrar qual deles tem a mais ofuscante ornamentação, fazendo com que as filas – em grande número – se postem à frente de suas vitrines em ritual de profunda admiração.

Por tudo isso, alcançado pela maturidade – vida de muitas alegrias e não menor número de decepções – deploro que aquele Papai Noel seja, apenas, uma lembrança esmaecida pelo tempo. E lamento muito mais que não exista um Papai Noel de verdade para dar ao mundo paz, dignidade e decência, além da felicidade aos que tanto dela necessitam.

* * *

CONTESTAÇÃO

No mês de outubro último, a Chiado Editora, de Lisboa, lançou a obra *Contestação – De como Portugal tem o dever de defender a sua honra e a sua História*, de autoria da jornalista portuguesa Isabel A. Ferreira.

Logo na nota introdutória a autora revela o significado do título, eis que contesta a obra do brasileiro Laurentino Gomes *1808 – Como uma rainha louca, um príncipe medroso e uma corte corrupta enganaram Napoleão e mudaram a História de Portugal e do Brasil*.

Defende a autora que "uma vez mais, Portugal e os portugueses foram expostas ao ridículo, publicamente". Afora outras considerações, ressalta ela que a propósito do caso do desaparecimento da menina Madeleine McCann, no Algarve, "foi Portugal extremamente enxovalhado na imprensa britânica". E enfatiza: "Portugal é um país territorialmente pequeno, mas não deve deixar que o amesquinhem deste modo tão acintoso, porque a sua alma é grande."

Por sua vez, o professor Castro Henriques, que leciona Filosofia Política na Universidade Católica Portuguesa e é presidente do Instituto da Democracia Portuguesa, ao prefaciar o livro, assinala que D. João VI foi um dos únicos príncipes europeus que não se vergou perante Napoleão Bonaparte. E coloca em relevo: "Poucos reis, durante a nossa história, foram tão perseguidos por motivos pessoais, como D. João VI. Quer pela loucura de sua mãe, quer pelo seu casamento infeliz e as conspirações de sua mulher e de fidalgos visando a sua abdicação."

E no tocante ao Brasil, salienta: "A sua permanência por treze anos no Brasil, permitiu-lhe ser o governante que garantiu a unidade do Estado, o que o povo brasileiro justamente acrescentou a sua independência."

A abordagem deste tema se dá em razão de demonstrar que o tempo pode reverter o papel de certos personagens, certificando que a História é um movimento de mudanças e de reconstrução, capaz de converter o homem político na contracena dos ideais representados no passado histórico.

Daí não se poder negar, na atualidade, que D. João VI "sobreviveu como monarca enquanto seus equivalentes em toda a Europa eram destronados e humilhados por Napoleão.

* * *

A IMPRENSA E A CENSURA

I

A criação da imprensa no Brasil tem dois marcos: o surgimento de *A Gazeta do Rio de Janeiro* – 10 de setembro de 1808 – e o lançamento do *Correio Brasiliense*, fundado pelo gaúcho Hipólito José da Costa Furtado de Mendonça, que inicia a sua edição em Londres, Inglaterra – 1º de junho de 1808 –, considerado o veículo precursor da imprensa no Brasil.

Composto de 96 a 150 páginas, circulando mensalmente, o seu fundador, em dezembro de 1822, com a independência do

Brasil deu sua missão por encerrada e não mais editou o jornal. Tempos depois, Assis Chateaubriand comprou o título e fez a sua edição no dia da inauguração de Brasília (atualmente pertence ao Condomínio dos Diários Associados).

Já a *Gazeta do Rio de Janeiro* – em verdade, o primeiro periódico oficial impresso no Brasil – era mais doutrinário do que informativo.

Mais tarde, em Salvador, antiga capital colonial – por volta de 1811 –, surge *A Idade de Ouro do Brasil*, o primeiro a ser publicado na Bahia, curiosamente comandado por um bacharel e um padre, ambos portugueses.

E a censura, quando surgiu?

Bem antes, por volta de 1706, eis que além de prévia, era exercida de forma drástica pelo poder civil e eclesial (Santo Ofício), a ponto de serem proibidos os prelos e as oficinas.

No decorrer desse século XIX a censura no Brasil era implacável e só começou a melhorar por volta de 1821, quando o príncipe regente Dom Pedro – sob os efeitos da Revolução Portuguesa do Porto e das Cortes Constitucionais de Lisboa, em defesa das liberdades públicas – decretou o fim da censura, tornando livre a palavra escrita.

No século XX, dezembro de 1940, Getulio Vargas, no auge da ditadura, cria o Departamento de Imprensa e Propaganda – DIP, controlando imprensa e rádio, a ponto de vetar o registro de 420 jornais e 346 revistas.

Mais tarde, com a edição do Ato Institucional nº 1, o primeiro editado pelo governo militar – abril de 1964 –, instala-se rigorosa censura na imprensa, no rádio e na televisão. Meses depois, com o Ato Institucional nº 2, em 27 de outubro de 1965, ao então presidente da República foi permitido violar a liberdade de imprensa.

* * *

II

A seguir, 13 de dezembro de 1968, é editado o Ato Institucional nº 5, que fecha o Congresso Nacional e oficializa a censura.

Essa sintética digressão histórica tem como objetivo principal mostrar como é difícil encontrar um governo que tenha apreço pela liberdade de imprensa, e a prova maior – e não é por mero acaso – é que as ditaduras sempre a controlaram, sobretudo através da censura.

Nos tempos atuais, a blogueira Yoani Sánchez, de Cuba, foi brutalmente agredida por ter tido a coragem de tentar relatar o dia a dia da ilha.

Chávez, na Venezuela, acabou por fechar rádios, tirar canais de televisão do ar etc. etc. Por outro lado, a presidente da Argentina tem, amiúde, encurralado os principais veículos de imprensa.

No Brasil, a tentativa de controle, pela via oblíqua, resultou em fracasso: a criação do chamado Conselho Nacional de Jornalismo.

Isso se deve à Constituição Federal de 1988, que proíbe a existência de lei que contenha dispositivo que possa constituir embaraço à plena liberdade de informação jornalística em qualquer veículo de comunicação social. E mais: enfatiza a vedação de qualquer censura de natureza política, ideológica e artística (artigo 220, parágrafos 1º e 2º).

É sobejamente conhecida a reflexão de Thomas Jefferson: "Se tivesse que tomar uma decisão nesse sentido, preferiria escolher uma imprensa sem governo no lugar de um governo sem imprensa."

Por tudo isso, tenho sempre que me é possível colocar em relevo que uma imprensa controlada pelo Estado ou pelas elites dominantes pode permitir a eclosão de não apenas uma, mas duas ou várias ditaduras numa mesma região. Volto a dizer: nenhuma nação conseguirá se desenvolver ou viver em harmonia se não for protegida e estimulada por uma imprensa livre. Com uma imprensa amordaçada, maculada pela censura, não subsiste a democracia, e sem esta o mundo moderno nos ensina claramente que as nações não sobrevivem.

É preocupante viver em uma nação amordaçada, em que o medo prevalece sobre a esperança, transformando-a em frágil aspiração em trânsito para o desencanto.

* * *

O CRONISTA | 2010

O ministério e eu – I

Ao travar-se a eleição presidencial de 1989, no seu primeiro turno, num dever de lealdade – por alguns não compartilhado – dei meu apoio e participei ativamente da campanha do candidato do meu partido, o deputado Ulysses Guimarães, com quem tinha atuado de forma muito próxima na Assembleia Nacional Constituinte, da qual fora ele presidente e eu, relator-geral. Transposta aquela fase do pleito, enfrentaram-se, no segundo turno, o ex-governador de Alagoas, Fernando Collor de Mello, e o deputado Luiz Inácio Lula da Silva.

Vitorioso, Collor de Mello empolgara a opinião pública com a sua pregação de escrupuloso respeito pela moralidade administrativa e, em especial, por sua mensagem de combate às mordomias e aos funcionários que afrontavam a miséria do povo brasileiro com seus supersalários. Eu próprio já tivera ocasião de participar dessa batalha quando, na Constituinte, dei parecer favorável à emenda que impedia a existência de salários desmesuradamente elevados no serviço público.

Terminada a eleição, convidou-me o presidente eleito para algumas reuniões e, mais tarde, para fazer parte de sua equipe, da qual fui o primeiro a ter o nome anunciado publicamente, logo seguido pelos titulares das pastas militares. A aceitação ao convite se deveu ao enorme desafio que representava participar de um governo de ideias arrojadas e que procurava pôr cobro a uma situação de descalabro econômico-financeiro, ampliada por uma inflação que, naquele longínquo mês de março de 1990, ultrapassava o patamar dos 80%.

A escolha desde logo – é oportuno relembrar – me rendeu uma indisfarçada rejeição por parte de alguns setores da mídia e por outros segmentos que não concordavam que alguém como eu, que fora presidente do Conselho Federal da Ordem dos Advogados do Brasil durante os anos de repressão do regime militar e, posteriormente, relator da Constituinte, viesse a participar do que insistiam considerar como um perfil de governo conservador. Iniciou-se, a partir daí, o que poderia denominar – sem medo de erro – de um patrulhamento que me acompanhou durante todo o tempo em que permaneci no ministério.

O desafio que se apresentava, em termos da nova missão dada pelo presidente da República ao ministro da Justiça, era o de exercer a coordenação da ação política do governo, capitaneando uma nova relação entre o Executivo e o Legislativo.

* * *

II

Todo o conjunto de atribuições que se concentrara até então no gabinete civil da presidência da República se deslocou para o

Ministério da Justiça, numa experiência que era nova, pelo menos no período pós-1964.

Se, no regime da Constituição de 1946, a pasta da Justiça se desincumbia de algumas das atribuições que agora lhe destinava a proposta de reforma administrativa, nos 25 anos subsequentes, somente uma vez e de modo fugaz, coube ao titular do ministério desempenhar tal atuação de caráter eminentemente político. Refiro-me, é claro, ao período em que esteve à frente da pasta o saudoso senador Petrônio Portella.

Na verdade, naquele momento, pareceu-me, de pronto, que a tarefa não seria fácil, muito embora o presidente possuísse o respaldo dos 35 milhões de votos que o haviam levado ao poder.

Com o apoio da legitimidade presidencial e, sem dúvida, de um intenso trabalho de articulação política, do qual participaram ativamente e com grande habilidade os líderes na Câmara e no Senado, foi possível aprovar no Congresso o conjunto das medidas provisórias do plano econômico e da reforma da administração pública.

E, estranho paradoxo: a aprovação de um plano de controle de gastos por um Congresso que tinha saído da Assembleia Nacional Constituinte com a fama de agir como se não houvesse a necessidade de pagar a conta pelo aumento do gasto público. Esse albergue político, através da aprovação de tais medidas, talvez tenha sido uma das mais marcantes, e ainda não perfeitamente contadas, histórias de nosso Parlamento.

Àqueles que, como eu, fizeram parte da primeira equipe, coube a penosa tarefa de implementar e pôr em prática essa reforma, o que representou um certo grau de sacrifício, tal como o de, obrigatoriamente, cortar despesas, chegando a atingir tantas vezes os resíduos do já minguado orçamento público.

Ao mesmo tempo que se enxugava a máquina, procurei lançar as bases para a modernização do Ministério da Justiça.

E consegui.

* * *

III

Essa realização se deu, a princípio, quebrando alguns vícios de origem que emperravam pela mesmice. Como exemplo, o problema de estrangeiros no Brasil. Após exaustiva análise, consegui publicar, com 63 páginas, o "Guia prático para orientação de estrangeiros no Brasil", permitindo esclarecer as principais dúvidas relativas à sua situação jurídica no território nacional, evitando, dessa forma, a desnecessária ou má intermediação de terceiros nos assuntos dessa natureza.

Por igual, submeti ao presidente da República a exposição de motivos criando o Sistema de Vigilância da Amazônia – Sivam –, em estreita colaboração com o ministro Sócrates Monteiro, da Aeronáutica, que mereceu aprovação presidencial e respectivo encaminhamento ao Congresso Nacional. Hoje o Sivam é uma referência na Amazônia.

Além de que, entre outras medidas, foi possível concretizar no campo administrativo, através da informatização, da reforma dos procedimentos, do incessante cuidado com a boa gerência da coisa pública, eis que o propósito era fazer da mais antiga das pastas ministeriais a mais moderna e atual em termos de sua capacitação técnica e gerencial.

Tudo isso faz parte do ontem. E, como já tive ocasião de afirmar, o homem público nada deve esperar de seus contemporâneos, sequer compreensão, quando muito reconhecimento dos seus pósteros. Por isso mesmo cabe destacar que aquele fenômeno de rejeição por uma parcela diminuta da imprensa tinha agora a ele acoplado a colaboração de certos segmentos do governo. E mais: eventuais dificuldades no relacionamento do governo com o Legislativo e os tribunais superiores eram a mim injustamente debitados.

A intriga passou a ser feita quase às claras e, em determinado momento, ultrapassou o campo político-administrativo para atingir o da privacidade, instante em que considerei ser hora de dar a minha modesta contribuição por finda e retornar, primeiro, à minha cadeira de deputado federal e, depois, à minha banca de advogado. O que fiz, em caráter irrevogável.

Neste breve escorço, devo registrar que a experiência foi dura e, às vezes, sofrida. No entanto, não há espaço para mágoas ou queixas. Até porque quando do ministério saí, sete meses depois, era como se nele estivesse entrando no dia da posse: de cabeça erguida e de mãos limpas.

* * *

TESTEMUNHOS E MEMÓRIA Nº 2

Armando de Menezes é um querido irmão-amigo ou amigo-irmão que vem de longe, dos idos de 1948, passando por laços familiares profundos, quer na alegria ou na tristeza. Nunca nos perdemos de vista, e todas as vezes em que nos reencontramos – meses ou anos decorridos – é como se tivéssemos nos despedido no dia anterior.

É ele um exímio narrador literário, eis que é capaz, a exemplo dos mergulhadores nativos do Pacífico, de retirar de uma concha áspera e dura – que são os acontecimentos amargos da vida – a beleza da pérola incrustada na sua narrativa.

De certa feita, disse-lhe, em carta (transcreve-a no seu recente livro), que ele é um escafandrista que vai às profundezas do mar da literatura e dele recolhe as maravilhas que só os sensitivos conseguem perceber.

Mais: é um memorialista nato, capaz de se transformar em todas as suas obras em carcereiro invulgar, pois faz de todos nós prisioneiros do seu talento, até que consigamos, com prazer, terminar a leitura da primeira à última página. Invulgar, porque acabamos relendo, aqui e acolá, os trechos já conhecidos.

Exatamente o que ocorre comigo, neste instante, ao ler e reler o seu *Testemunhos e memórias nº 2*, no qual pontificam a sua inteligência, zelo e correção.

Nos seus dados biográficos, há uma lacuna que deve ser preenchida, sobretudo porque fui testemunha do apego rigoroso no trato dos assuntos referentes ao erário e que eram submetidos à sua apreciação, na qualidade de membro da Delegação de Controle do então Departamento de Estradas de Rodagem do Amazonas.

O seu rigor era tão grande – e sempre o acompanhei – que, com ele, os moleiros de Sans-Souci não tinham por que duvidar da existência de juízes, uma vez que nada nem ninguém conseguiria demovê-lo, em todas as suas fases de homem público, de percorrer o caminho dos seus rígidos propósitos, pois jamais foi prosélito da justiça de Cambises.

Por tudo isso, Armando de Menezes é um cidadão que merece a estima dos seus conterrâneos, e, por certo, é um exemplo de lealdade e espírito público.

* * *

O PARLAMENTARISMO

I

Início estas reflexões deixando claro que não nos será possível ir muito longe na compreensão das ideias políticas sem a verificação de como estão elas relacionadas com os fatos políticos.

Assim, não há como deixar de lembrar passos da monarquia e os primeiros do regime republicano. É que a objetividade e a imparcialidade que a perspectiva histórica possibilita, tornam viável nos dias presentes uma avaliação mais exata das circunstâncias que presidiram, entre nós, o destronar da monarquia e a adoção do regime republicano.

E uma plêiade de historiadores da mais alta suposição, brasileiros ou não, refletindo sobre a época histórica em questão, tem, a quase unanimidade, concluído de forma uníssona: ao contrário do registrado em muitos outros confins, não se acusou, entre nós, uma censura ideológica que tornasse a monarquia um dado insuportável. Dir-se-ia mesmo que ela terminou muito mais por erros de cálculo e equívocos pessoais, que geraram reações do mesmo nível, que por intolerabilidades institucionais. Nem mesmo a tensão dialética Parlamento-Coroa atingiu, em nenhum momento, os níveis agudos que em outros países fermentaram o fortalecimento da aspiração parlamentarista e o enfraquecimento do centralismo decisório. A composição do Congresso era marcantemente reveladora da predominância, em seus quadros, de uma elite que só tinha a beneficiar-se do sistema da monarquia e da relativa impunidade, ou irresponsabilidade jurídica, que o envolvia.

Apontam-se, é verdade, vários incidentes ou eventos históricos como formadores do caldo de cultura em que a República acabaria por crescer e afirmar-se. Assim se referem, por exemplo, à questão "Christie", ou mesmo à questão religiosa. Ora, a primeira, por si só, tenderia a confinar-se em mero episódio disciplinar militar, revelador da impetuosidade da oficialidade jovem, mas incapaz de fazer o aluir das instituições monárquicas. E a segunda, com os meandros misteriosos que o conflito Igreja-Maçonaria propunha, teria, cedo ou tarde, uma inelutável vocação para a discrição antes que para o embate aberto.

* * *

II

Cremos que o passo decisivo que instabilizou o regime há que ser buscado no despertar, em nosso Exército, de um espírito triunfalista e afeiçoável ao exercício do poder. E tal despertar se deu, sem dúvida, na guerra da Tríplice Aliança contra o Paraguai. Data de então a consciência, por parte do Exército, de sua importância estrutural e, por consequência, de seu poderio institucional. Uma vez espicaçado tal estado de espírito, bastará uma fagulha para que o brasileiro entre em combustão. E essa fagulha – mais que isso, verdadeira bomba incendiária – adviria com a abolição da escravatura: a incipiente burguesia econômica, a nascente plutocracia rural viu, ali, grave ameaça a seus privilégios. E personificou no soberano a origem de todo o mal. Estava pavimentado o caminho que conduziria à aliança da força militar com a força econômica, episódio mais tarde tantas vezes repetido, forjado para a derrubada não tanto da monarquia, mas do monarca. E tanto assim foi que anedotas, algumas picarescas em demasia, cercam os momentos que impeliram um renitente Deodoro a proclamar a República. E tanto assim foi que adotamos um modelo presidencialista muito mais próximo da monarquia ortodoxa do que da acenada república democrática. E tanto assim foi que, pela primeira vez, nos afastamos das inspirações francesas e nos refugiamos numa adaptação "tupiniquim" do presidencialismo norte-americano. Com isso pretendíamos, à brasileira, casar nossa já visível nostalgia monárquica com as proclamadas visões de modernidade que a República ensejaria.

O presidencialismo brasileiro é filho direto e dileto da monarquia. Historicamente mesmo, nossos primeiros presidentes foram personalidades que, ao tempo do reinado, haviam ocupado postos de relevância. Nessa qualidade frequentemente identificavam as fraquezas estruturais dos últimos tempos da monarquia ao parlamentarismo, à divisão (quase oposição), característica de então, entre o gabinete e o imperador. Soma-se a isso o fascínio do modelo norte-americano (presidencialista) e o nosso proverbial subdesenvolvimento cultural (naturalmente traduzido também na concepção de nossas instituições) e ter-se-á a gênese do presidencialismo imperial, que as vicissitudes e agruras de nossa vida político-econômica só têm adubado.

* * *

III

De braços dados com essa deformação, temos a também genética, pertinente à estrutura federativa. Não obstante a opção federativa, em verdade sempre fomos, politicamente, pragmaticamente, um Estado unitário. A supremacia da União estava presente na mente do próprio redator de nossa primeira constituição republicana. As vicissitudes, determinantes da acromegálica desenvoltura do poder executivo, também vieram a determinar a ênfase marcante que, historicamente, a União Federal experimentou.

A tudo isso ocorreria somar-se novo ingrediente: a importância crescente do Exército nacional, em nossa história. Como instituição armada federal submetida ao poder executivo, o Exército necessariamente teria de ver sua importância magnificada, à medida que a União e o Executivo se fortalecessem. Entretanto, não bastasse isso, alguns fatores endógenos, que os estudiosos têm assinalado, também constituíram reforço à importância do Exército, e o somatório de tudo isso terminaria por animá-lo à assunção de um novo papel no Estado brasileiro. Tais fatores endógenos merecem referência, breve que seja. Temos: 1º – o caráter fechado da instituição, mais ou menos infensa, no seu dia a dia, ao trânsito aberto com a comunidade. Isso permitiu ao Exército, através de muitas décadas de extrema mobilidade social, manter invejável coesão estrutural e ideológica; 2º – o caráter tradicionalmente aberto da instituição nos seus modelos de captação de seus integrantes. Isso possibilitou ao Exército crescer e expandir-se mais que as Armas congêneres, além de difundir na população importante aura de aceitação e apreço; 3º – o constante treinamento da corporação, o que a coloca, bem como a seus integrantes, a cavaleiro das instabilidades sociais, ao contrário do que registrado quanto a outros segmentos sociais, também representativos, mas que se viram ultrapassados pelo ritmo dos acontecimentos.

Explicada essa circunstância gerada por esses fatores endógenos, temos que somar dois outros, estes exógenos, se aí pudermos entender o motivo de ter, a partir de 1964, e como seria imperioso, obrigatório que se fizesse, a partir de uma premissa, pelo menos de uma previsão histórica para que se pudesse chegar até o problema de 1964.

* * *

IV

E aí, a partir desse ano, o Exército troca o seu até então tradicional papel de poder moderador pelo desempenho da tarefa de tutor e gestor da nação. O momento mundial – marcado pela tensão Ocidente X Oriente, comunismo x capitalismo – e nossa dependência externa dos Estados Unidos (determinante do papel que exerceríamos na estratégia mundial) são fatores nitidamente endógenos que não poderíamos deixar de somar.

Houve, é certo, um instante de hesitação no Exército, e verdadeiro momento de transição em nossa história: a experiência "parlamentarista" de João Goulart. Recorde-se: o Exército não queria abandonar seu papel moderador, mas também não desejava mais entregar a chefia do Estado a qualquer civil. Daí a imposição de um parlamentarismo artificial, canhestro, inviável, que, ao primeiro instante em que fossem amainados os fatores de pressão, seria, como foi, novamente destronado pelo presidencialismo.

Necessário desfecho de todo esse panorama foi o golpe de 1964 e o autoritarismo que ele desenvolveu. As crises de Deodoro, Floriano, Bernardes e Getulio Vargas tinham sido superadas sem arranhões ao poder civil, porque outra a concepção do poder, sustentada naqueles instantes. Infelizmente, em 1964, o desmesurado, paulatino e não controlado crescimento da União e do Executivo encontrou sua principal força armada – o Exército – doutrinariamente decidida a exercer novo papel. Daí o túnel escuro do qual custamos a sair. Mas, ao dele sairmos, não soubemos usar a inventiva para prevenir futuras recaídas. Era imperioso buscar uma equação de poder que refreasse a proverbial inclinação de nosso Executivo ao desempenho autocrático, e que implicasse a participação de toda a nação, através de seus representantes, na condução da coisa pública. E é aí que surge a inspiração do parlamentarismo, claro que autêntico, claro que muito diverso do adotado em 1961.

Cremos que o Parlamentarismo é a única opção política viável para assegurar a nosso país um futuro sem os acessos e recidivas dos golpes de Estado periódicos, repetitivos e até previsíveis. Ademais, nunca esta hora foi tão oportuna, uma vez que a situação emergente não mais permite o fanatismo sectário, ou as provocações estéreis, ou a prepotência arbitrária.

* * *

V

A grande realidade é que a solução político-institucional não pode ser obra de uns poucos – colocados os demais como meras figuras contemplativas –, mas depende de toda a sociedade e, sobretudo, da classe política.

Tal solução não pode ser obtida através de paliativos contidos em simples emendas constitucionais, já que a nação quer e exige ser tratada com seriedade.

Num regime democrático, os governantes, em todos os níveis, são eleitos pelo povo. A democracia pressupõe alternância de poder, o que leva a dizer, em outras palavras, que a nação está cansada de assistir ao jogo de aparências que não mais conseguem escamotear os interesses pessoais.

Se a alternância de poder não significa o fim do mundo – como preconizam os coveiros da democracia, com o slogan de que "o povo ainda não está preparado para votar" –, a prática de eleição não pode nem deve significar veículo para a extravasão de idiossincrasias ou abusos de ordem pessoal.

Por tudo isso, volto à minha crença de que o parlamentarismo é a única opção política viável, podendo assegurar ao nosso país um futuro sem a presença dos que se julgam reizinhos.

É imperioso que criemos mecanismos de difusão do poder e de magnificação do sentido do voto popular. Somente o parlamentarismo evitará a excessiva concentração de poder nas mãos de um ou de um grupo restrito. Somente o parlamentarismo devolverá aos estados membros o peso específico que lhes deve caber, reduzindo a União ao que jamais deveria ter deixado de ser – elemento aglutinador e de coordenação das forças e aspirações nacionais. Somente o parlamentarismo reforçará o papel da vontade popular, manifestada através de repetidas consultas eleitorais, na formação dos escalões que devem conduzir o desempenho da atividade pública. E, como consequência – é ao menos nossa esperança –, as corporações nacionais ficarão atreladas aos interesses nacionais e às aspirações populares, proclamadas no exercício frequente e saudável do sufrágio universal. Exatamente o inverso, pois, do que nossa história, recente ou não, tem registrado.

Pena que se tenha perdido essa oportunidade por ocasião da Assembleia Nacional Constituinte.

* * *

ÁGUA: TERRÍVEL TRÁFICO

Há anos, quando tive a honra de representar o meu estado no Senado Federal, desenvolvi uma campanha sobre a água, a qual, malgrado a sua inigualável importância, não obteve a ressonância que era de se esperar. Cheguei a publicar um livro, intitulado *Direito administrativo – Tema: água*, com 663 páginas, em janeiro de 1997, edição esgotada, em que reclamava a urgência para o projeto de lei sobre política e gerenciamento de recursos hídricos, e consequente arcabouço legal que permitisse o uso adequado desses recursos.

Todavia, aos poucos a população brasileira foi se dando conta do que eu definia: "a água é o ouro do século XXI" e que, além de fonte de vida, é um bem ambiental de uso comum da humanidade.

É, pois, com imensa tristeza, que tomo conhecimento de que se desenvolve um terrível tráfico de água doce no Brasil. É o que alerta a revista Consulex 310, de dezembro do ano passado, ao ressaltar que "navios-tanques estão retirando sorrateiramente água do rio Amazonas".

Ressalta a publicação que a captação é feita no ponto em que o rio deságua no Oceano Atlântico, estimando-se que "essa embarcação seja abastecida com 250 milhões de litros de água doce, para engarrafamento na Europa e Oriente Médio". Esse enorme interesse pela água farta do Brasil, destaca a revista, se dá pelo fato "de que é mais barato tratar águas usurpadas (U$ 0,80 o metro cúbico) do que realizar a dessalinização das águas oceânicas (US$ 1,50)".

O que é deplorável é se ter ciência há algum tempo de que o transporte internacional da água vem sendo efetivado através de grandes petroleiros, que saem de seu país de origem "carregados de petróleo e retornam com água. Por exemplo: os navios–tanque partem do Alasca, nos Estados Unidos – primeira jurisdição a permitir a exportação de água –, com destino à China e ao Oriente Médio carregando milhões de litros de água".

Triste mesmo é que a nossa Amazônia sofre com a biopirataria, o furto de minérios e madeiras nobres etc. etc. Como se não bastasse monumental tráfico de água doce.

Até quando, meu Deus?

*   *   *

O ACESSO AO JUDICIÁRIO

I

Ninguém neste país sente e sofre tão de perto a crise do Poder Judiciário quanto à classe dos advogados, a partir da operação diária do processo a revelar toda a monumental recuperação estrutural e institucional desse poder.

A difícil arquitetura de moldagem do Direito e da prestação jurisdicional efetiva às agruras do congestionamento de órgãos jurisdicionais, da multiplicação de expedientes recursais, da compulsória inclinação ao recurso dos poderes públicos e da perenização dos feitos não apenas revela a necessidade da profunda reestruturação desse poder, como denota a urgência de o fazer.

Se é verdade que são conhecidas e decantadas as causas e os efeitos da superação do modelo judiciário brasileiro, também o é que as discussões perdem luz e ganham calor quanto o foco se desloca para as soluções. Creio que não seria impertinente citar o largo espectro de questões que se abriga sob o manto da crise do Judiciário.

Incumbe aos operadores do Direito uma leitura cuidadosa e uma tradução criteriosa desse complexo fático – institucional, cujos efeitos levaram o ministro Carlos Velloso a comparar a Justiça brasileira a uma velha trôpega, cega e surda aos apelos da sociedade, em aula magna na Escola de Magistratura do Rio de Janeiro, em 1998.

É evidentemente simplista a leitura que perpasse apenas questões processuais ou estruturais à guisa do garimpo de soluções. A ponta visível dessa monumental questão – o emperramento completo do Poder Judiciário – não esconde suficientemente questões como: a) a notoriamente baixa qualificação das levas de bacharéis expelidas por faculdades de Direito de todos os calibres, cujas deficiências curriculares, docentes e discentes vêm sendo expostas enfaticamente pelos exames da OAB; b) a aguda deficiência numérica de magistrados; c) a contaminação política de alguns prestadores de jurisdição; d) as deficiências no processo legislativo, a jorrar ao país leis imperfeitas, contraditórias, irrefletidas, assistemáticas, pontuais; e) os descabidos e superados privilégios processuais das entidades estatais; f) a predominância do formalismo e do hermetismo processuais; g) a irracionalidade do sistema recursal; e h) os abusos processuais do poder público, já apontados, em emendas de acórdãos, até pelo Supremo Tribunal Federal e pelo Superior Tribunal de Justiça.

* * *

II

Uma questão tão multifacetada certamente não aceitará e não se renderá a soluções improvisadas. A agilidade do Judiciário não será saciada com o possível, mas exige o necessário, ou uma vez mais estaremos usando maquiagem pesada em uma das questões mais importantes da moderna história republicana. O tema central que nos prende neste artigo é a promessa constitucional de acesso à Justiça, promessa que deriva do princípio da inafastabilidade da jurisdição, sob cujo enunciado singelo se erige a que talvez seja uma das mais largas teorias jurídicas do direito comparado a fincar raízes na Magna Carta.

A garantia de acesso ao Judiciário, ou princípio do direito de ação, ou princípio da inafastabilidade da jurisdição, é considerada como uma concretização do princípio estruturante do estado de direito público subjetivo, decorrente da assunção estatal de administração da Justiça. Por isso, o permissivo de livre acesso aos juízos e tribunais deve ser encarado como o direito de peticionar aos órgãos do Poder Judiciário, consubstanciando-se no meio adequado e impostergável de obter amparo jurisdicional.

Calcado na ordem constitucional positiva como direito-garantia, e designado pela melhor doutrina pátria e estrangeira como integrante do acervo fundamental da pessoa, o princípio do acesso ao Judiciário precisa encontrar alguns instrumentos de intensa repercussão, com o objetivo de dar efetividade a essa prescrição da Carta Política. De fato, é inequívoco que o princípio do amplo acesso ao Judiciário não se exaure no sentido do simplório que se traduz da leitura rasa do inciso XXXV do art. 5º.

Mas, dizíamos acima, o acesso físico e processual ao Judiciário não é a única nem a mais importante tradução do princípio do amplo acesso ao Judiciário. Essa prescrição resultaria vazia se se garantisse apenas o direito de o cidadão indagar ao Estado julgador, sem que o sistema propiciasse a esse mesmo cidadão ouvir do Estado uma resposta decisória. Ou, como ocorre hoje, exasperadamente, dando ao jurisdicionado colher a decisão judicial a destempo, após o exaurimento de todos os limites razoáveis de prazo para a decisão da lide com vestígios de interesse real.

* * *

III

Não atingiremos um mínimo de eficácia do princípio do acesso ao Judiciário se não dotarmos este poder de aparelhos que permitam a entrega efetiva e tempestiva da prestação jurisdicional.

A superação desse modelo em cujo tecido já são numerosas as chagas do envelhecimento urge, e não se fará de forma ideal sem a participação ativa da advocacia militante.

Sabe-se que a estrutura processual atual se presta a manobras legais – se justas ou não é questão que não nos pertine agora – impeditivas da consolidação de decisão judicial contrária aos interesses de alguns representados em juízo, e que a inexistência de vinculação propicia, nos processos de massa, um mercado atraente à advocacia.

A questão central, no entanto, deve ser posta: pesados os prós e os contras, considerada a morosidade em se encerrar a demanda e ser remunerada pela sua atuação profissional, em que medida exatamente interessa à advocacia a manutenção do modelo? Quando cada um de nós recebe um cliente e, dele, uma procuração assinada, quanto tempo depois de iniciados os nossos trabalhos profissionais veremos a lide atingir o seu final? Enfim, a utilização habilidosa das leis e possibilidades processuais com finalidades não impulsionadoras do processo servem a quem?

A interpretação da Constituição deve ser dirigida, entre outros, pelo princípio da máxima efetividade, e na realidade brasileira vigente – consideradas a estrutura do Poder Judiciário e a legislação processual – está esvaziado o princípio do amplo acesso à jurisdição, tanto pela distância física do jurisdicionado do prestador da jurisdição quanto pela impossibilidade real de obtenção de uma prestação jurisdicional temporalmente útil. A inafastabilidade da jurisdição não se realiza com o peticionar, mas com o obter decisão estatal vinculadora sobre o quanto peticionado, pelo que urge recuperar o efeito útil da prescrição principiológica do inciso XXXV do artigo 5º, pela adoção de mecanismos constitucionais e infraconstitucionais que restabeleçam a racionalidade processual e a funcionalidade estrutural do Judiciário.

* * *

AQUÍFERO NA AMAZÔNIA

Essa crise não se assemelha nem aos choques petrolíferos, nem às crises financeiras, e muito menos a quaisquer outras. Isso porque – e aí mais um ponto das minhas antigas preocupações – se trata de uma crise de gestão, segundo os organismos multilaterais.

Ora, captação de água, despejos de afluentes, ocupação das margens e derrubada das matas resultaram em uma alarmante redução da qualidade e disponibilidade de água, tornando-se uma crise mais latente do que efetiva e mais social do que econômica, porque afeta mais diretamente os pobres. É também uma crise anunciada, como dizem os meus amigos Marcos de Freitas e Luiz Eduardo Duque Estrada.

Por tudo isso, é de suma importância o acesso à informação para se tornar possível a ampliação da consciência do cidadão brasileiro sobre o uso racional da água. Apesar da ampla difusão dos temas ecológicos nos meios de comunicação, ainda assim estamos muito distantes, em nosso país, de uma autêntica consciência a respeito de algumas questões ambientais da maior relevância e, entre elas, é desalentador proclamar, que a opinião pública mal começou a despertar para a de maior relevância: a água e as consequências da sua escassez no mundo inteiro.

Ademais, é preciso destacar os riscos, os mais variados, para a soberania nacional frente à importância estratégica dos recursos hídricos existentes em nosso país, dado o imenso mundo fluvial da Amazônia (os rios brasileiros reúnem 13% desse volume fluvial mundial), da incomensurável riqueza biológica (o maior banco genético do mundo), o que impõe a sua preservação a qualquer custo.

Nesse passo é oportuno lembrar que os grandes rios da história universal estão agonizantes: o Nilo no Egito; o Colorado no México; o Ganges na Índia; o Amarelo na China. Aliás, a China está transpondo as águas do rio Yang-Tsé para o Amarelo, naquilo que é considerada, hoje, a maior obra de construção no mundo, orçada em torno de quase 100 bilhões de dólares.

Ora, China e Índia somam 40% da população mundial e neles o problema da água de consumo é hoje quase uma tragédia.

Boas-vindas, pois, ao *aquífero* da Amazônia.

* * *

JOAQUIM NABUCO: MINHAS ANOTAÇÕES

I

A Academia Amazonense de Letras está levando a efeito conferências em homenagem ao centenário de Joaquim Nabuco, numa promoção intelectual das mais elogiáveis. Em razão disso, entendi trazer para a coluna algumas anotações sobre aquele a quem comecei a admirar no verdor dos meus 15 anos de idade, quando meu saudoso pai me deu de presente de Natal o seu *Minha formação*, na sua 3ª edição (1947).

A leitura de então não me dava a capacidade de vê-lo, por inteiro, na sua grandeza. Anos mais tarde, quando me casei, fui residir com Zuleide exatamente na avenida Joaquim Nabuco, logo após a esquina da rua Ramos Ferreira.

Nessa altura – já como advogado militante – a sua releitura me causou profunda emoção, a ponto de sua irretocável afirmação "acabar com a escravidão não basta. É preciso destruir a obra da escravidão" ficar até os dias atuais ecoando na minha memória.

Por igual, seu livro *O abolicionismo*, quando, de forma contundente, ressaltou: "a herança escravagista hipotecara o futuro do Brasil." O seu ativismo teve como resultado, quatro anos depois da publicação, a assinatura da Lei Áurea, em favor da qual foi ele um dos grandes responsáveis.

Monarquista convicto, retirou-se da vida pública após a proclamação da República. É que, com a queda da monarquia, considerou-se Nabuco em luto e se retirou, recluso, para a sua residência, na rua de Marquês de Olinda, 37, no Rio de Janeiro.

Interessante registrar como Nabuco deu por encerrada a sua reclusão, uma vez que, nessa circunstância, atendia a um convite do maior porte republicano: o presidente da República Campos Salles. O episódio ocorreu da seguinte forma:

Nabuco aceitou o convite feito por intermédio e insistência de Tobias Monteiro, o grande historiador do Império, seu amigo íntimo, que acompanhou o presidente Campos Salles à Europa, como correspondente do *Jornal do Commercio,* e se tornou depois seu secretário particular. Ele emprestou ao presidente eleito o primeiro volume de *Um estadista do Império*, que acabara de chegar às livrarias.

Campos Salles ficou entusiasmado com a leitura do livro de Nabuco, que fora seu colega na Câmara dos Deputados do Império, nos anos 1880, e "lamentou que ele insistisse em se manter afastado da vida pública por fidelidade à monarquia e que a República não pudesse contar com seus serviços".

* * *

II

Nabuco só aceitou o convite para ser o advogado do Brasil na arbitragem a que seria submetida a questão dos limites com a então Guiana Inglesa (questão do Pirara – nome indígena), porque foi convencido de que era "um serviço apolítico à nação, que Nabuco não poderia negar-se a pretexto de ser monarquista, já que se tratava de ser o defensor do nosso território".

Foi assim que Nabuco "deu por encerrados os dez longos anos de 'luto da monarquia', como ele chamou o período em que se dedicou à defesa do antigo regime". E é exatamente nesse decurso de tempo, que corresponde à última década do século XIX, que Nabuco escreveu *Minha formação* e *Um estadista do Império* e que se reconverteu ao catolicismo, de quem, à época de acadêmico de direito, disse que dele não restava "senão o pó dourado da saudade".

Nessa questão do Pirara – que o Brasil contendia com a Inglaterra – o árbitro escolhido foi o rei Vittorio Emmanuelle III, da Itália, e estava em disputa um território maior que a Bélgica e três vezes maior que o Líbano.

Como representante do Brasil, escreveu Nabuco três memoriais considerados até hoje peças jurídicas irretocáveis, os quais impressionaram profundamente a Comissão de Arbitragem. Acontece que o rei da Itália – aliás, o último – já estava com posição formada em favor da Inglaterra, aquela altura já em situação de industrialização bastante evoluída, enquanto o Brasil não dispunha de nenhuma indústria.

Na véspera do dia da leitura do Laudo de Arbitragem, o rei Vittorio Emmanuelle deu ordens para que a decisão fosse favorável à Inglaterra, o que chocou profundamente Nabuco. Quando o laudo foi lido (14 de junho de 1904), Nabuco – apesar de todo o seu notável desempenho – achou que a derrota era sua, pessoal, muito embora fosse apenas parcial, já que a Inglaterra ficou com 19 mil km² e o Brasil com 12 mil km². Vale dizer: o dano poderia ter sido maior.

Curiosamente, esse mesmo rei da Itália, quando árbitro da briga do México com a França pela ilha que não me recordo o nome, ficou contra o México, e a ilha é administrada a distância pela chamada Polinésia Francesa. Todavia, o destino dele se vingou: ao término da Segunda Guerra Mundial, foi afastado do poder, tendo se exilado em Portugal. Mas já com a mancha de ter agasalhado o fascismo.

* * *

III

O seu primeiro posto diplomático, ainda moço – aos 27 anos de idade, nos anos de 1876 e 1877 –, foi o de adido à nossa legação em Washington, ao mesmo tempo em que seu amigo, José Maria da Silva Paranhos Júnior, futuro barão do Rio Branco, era nomeado cônsul em Liverpool.

As nomeações ocorreram na regência da princesa imperial, Isabel, eis que seu pai, Dom Pedro II, estava na sua segunda viagem à Europa e na primeira aos Estados Unidos, a fim de assistir aos festejos do centenário da independência americana.

Àquela altura, Washington, além de pequena e sem atrativos, fez com que Nabuco ficasse em Nova Iorque boa parte de sua permanência nos Estados Unidos, de pouco mais de um ano.

Em meados de 1877, Nabuco era transferido para Londres, como adido à legação do Brasil, posto em que pouco se demorou – cerca de seis meses –, porque havia decidido voltar ao Brasil para se candidatar a deputado pelo seu estado, Pernambuco.

POLÍTICA PARTIDÁRIA

Com a morte do pai, em 1878, Nabuco – após várias viagens pela Europa e América do Norte e com regressos frequentes ao Brasil – se lança à política partidária. Concorre à eleição. Sai vitorioso, graças ao prestígio do nome do seu pai, senador e conselheiro, e é, nessa sua primeira experiência parlamentar, a voz que retoma a questão da liberdade dos escravos, tema que esfriara desde a promulgação da Lei dos Nascituros.

Ouçamo-lo.

"Não posso negar que sofri o magnetismo da realeza, da aristocracia, da fortuna, da beleza, como senti o da inteligência e o da glória; felizmente, porém, nunca os senti sem a reação correspondente; não os senti mesmo, perdendo de todo a consciência de alguma coisa superior, o sofrimento humano, e foi graças a isso que não fiz mais do que passar pela sociedade que me fascinava e troquei a vida diplomática pela advocacia dos escravos." (*Minha formação*, onde recorda que essa decisão foi tomada em 1878, quando tinha 28 anos).

* * *

IV

Note-se: quando a campanha da abolição foi iniciada, o número de escravos ascendia a quase dois milhões, com o tráfico movimentando escravos do Nordeste para Minas, São Paulo e Rio e o café sustentando grande parte da nossa economia de exportação.

Esse era o imenso desafio para a retomada do ideal abolicionista que ficara entorpecido, anestesiado, desde a Lei dos Nascituros, de 1871.

A extinção do cativeiro entre nós demorou quatro décadas para ser efetivada. E foi a luta abolicionista de Nabuco que integrou o processo de modernização que se seguiu ao fim do tráfico negreiro de 1850. O fato é que nas colônias inglesas e francesas e nos Estados Unidos também decorreu um lapso de tempo entre a proibição do tráfico e a libertação definitiva: cerca de trinta anos na Inglaterra (1807/1838) e quarenta na França (1807-1848); no caso das metrópoles, os governos pagaram indenização aos proprietários de escravos.

Era essa lentidão que indignava Nabuco. E de onde vinha esse ímpeto libertário? Vinha da primeira juventude...

Nabuco havia dito, quando voltou a Massangana doze anos depois da morte de dona Ana Rosa, ao voltar à capela de São Mateus, onde jazia a madrinha na parede ao lado do altar e onde, debaixo dos seus pés, estavam os ossos dos negros velhos que o tinham amado na infância, e mais a cena do escravo abraçado a seus pés, que aquele fora o momento revelador: "Foi assim que o problema moral da escravidão se desenvolveu pela primeira vez aos meus olhos em sua nitidez perfeita e com a sua solução obrigatória."

E a decisão, sem retorno, foi tomada diante daqueles túmulos abandonados mas sagrados, como escreveu: "Ali mesmo, aos vinte anos, formei a resolução de votar a minha vida, se assim me fosse dado, ao serviço da raça generosa entre todas que a desigualdade da sua condição enternecia em vez de azedar, e que por sua doçura no sofrimento emprestava até mesmo à opressão de que era vítima um reflexo de bondade."

* * *

V

Joaquim Nabuco foi, sem a mais leve sombra de dúvida, um dos mais destacados líderes do movimento abolicionista, a ponto de todos concordarem que tanto sua obra política quanto a intelectual são sempre vistas como fundamentais para a compreensão da escravidão e suas consequências.

No entanto, ele próprio reconhecia que nunca fora o que se chama verdadeiramente um político, um espírito capaz de viver na pequena política e de dar aí o que tem de melhor. E é dele a afirmação de que "em minha vida vivi muito da Política, com P grande, isto é, da política que é história, e ainda hoje vivo, e certo que muito menos".

Mais ainda: "Esse gozo especial do político na luta dos partidos não o conheci; procurei na política o lado moral, imaginei-a uma espécie de cavalaria moderna, a cavalaria andante dos princípios e das reformas; tive nela emoções de tribuna, por vezes de popularidade, mas não passei daí: do limiar; nunca o oficialismo me tentou, nunca a sua deleitação me foi revelada."

Nabuco coloca com toda a clareza qual era a sua ambição, ao esclarecer: "Isso quer dizer que a minha ambição foi toda, em política, de ordem puramente intelectual, como a do orador, do poeta, do escritor, do reformador. Não há, sem dúvida, ambição mais alta do que a do estadista, e eu não pensaria em reduzir os homens eminentes que merecem aquele nome em nossa política ao papel de políticos de profissão."

Talvez por essa dignidade pessoal não conseguiu reeleger-se em 1881 e, ao sentir que a sua agremiação política – o Partido Liberal – o relegava ao ostracismo, viajou para Londres, onde permaneceu ao longo de dois anos ininterruptos (1882 a 1884).

Foi nessa permanência de dois anos, no silêncio da biblioteca do British Museum, que escreveu ele o seu famoso *O abolicionismo*, "hoje considerado um livro fundador e até, para alguns, sua obra mais importante".

Corria o ano de 1900 quando o presidente Campos Salles nomeia Nabuco para assumir a legação do Brasil em Londres, como ministro, capital na qual dispunha de um grande círculo de amigos, primeiro em 1877, como adido à legação, e depois em várias ocasiões, sobretudo na sua permanência de dois anos.

* * *

VI

Não há como deixar de reconhecer que "essa familiaridade com a vida londrina, além, é claro, do seu encanto pessoal e da aura de antigo combatente da causa da abolição, no Brasil, muito facilitou, como não podia deixar de ser, o trabalho de Nabuco à frente da nossa legação".

No dia 13 de dezembro de 1900, Nabuco apresentava suas credenciais, no castelo de Windsor, à rainha Vitória, e, por esses acasos da vida, foi ele o último emissário estrangeiro a fazê-lo, pois a rainha viria a falecer logo após, em 2 de fevereiro de 1901.

Pouco tempo depois, "em 27 de abril de 1902, na casa que ele alugara – nº 52, Cornwall Gardens, bairro de South Kensington –, nasce o seu filho caçula, a quem Nabuco deu o nome do avô, José Thomaz".

Aqui faço um parênteses para registrar que, em 1983, estive, com minha esposa Zuleide, à frente dessa casa e, com muito orgulho de ser brasileiro, comprovei a existência, no seu pórtico, de uma placa colocada pela prefeitura de Londres com a inscrição: "Joaquim Nabuco, estadista e diplomata brasileiro, morou nesta casa." Fecho o parênteses.

Em 1904, Nabuco recebe um telegrama do barão do Rio Branco convidando-o para o alto posto de embaixador do Brasil, em Washington.

Aceito o convite e seu nome submetido ao Senado e aprovado, o presidente Rodrigues Alves assinou o decreto de nomeação daquele que seria o primeiro embaixador do Brasil, eis que a nossa representação diplomática fora recentemente elevada à categoria de embaixada – antes só tinha legações.

E foi assim que no "dia 10 de maio de 1905 ele parte de Southampton para os Estados Unidos, onde passaria os últimos anos de sua vida". Faleceu no dia 17 de janeiro de 1910.

A atuação de Nabuco em Washington foi merecedora de todos os títulos e elogios, uma vez que, durante a sua missão de quatro anos e meio, se tornou um dos diplomatas de maior conceito e prestígio, sobretudo porque o corpo diplomático "acreditado em Washington, pela importância que têm os Estados Unidos, sempre foi composto por grandes estadistas ou do que cada país tem de melhor em seu serviço exterior".

* * *

80 ANOS DA OAB: O ADVOGADO E A ORDEM CONSTITUCIONAL

I

Desde os primórdios da nacionalidade existe uma estreita relação entre bacharel e estado de Direito. Da mesma forma, entre profissional do Direito e Poder Legislativo, a instituição que tem por objetivo precípuo a elaboração do Direito positivo, uma vez que o Estado Constitucional nasceu dotado de uma visão específica sobre a formação da elite nacional. Tal perspectiva está perfeitamente consubstanciada na fundação dos cursos jurídicos no Brasil, aprovada pelo Poder Legislativo, lei de 11 de agosto de 1827.

Por mais de trezentos anos, a colônia havia pautado sua regulamentação legal pelo Direito português, através das codificações Alfonsinas, Manuelinas e Felipinas. Paralelamente, os advogados que cuidavam da administração da lei no Brasil eram formados pela Universidade de Coimbra, onde muitos brasileiros frequentaram as classes universitárias. Entre 1772, quando o marquês de Pombal realizou sua importante reforma no ensino português, e

1822, nada menos de 816 brasileiros formaram-se em Coimbra, sendo 560 em Direito. Entre eles muitas figuras de relevo em nossa história, começando pelo poeta Gregório de Matos Guerra, o satírico Gregório de Matos, o primeiro brasileiro a bacharelar-se em Coimbra, duzentos anos antes de nossa independência, após ser submetido exaustivamente ao Processo dos Bacharéis. A frequência maciça dos estudantes brasileiros à Universidade de Coimbra é indiscutível, como ficou provado no momento em que Sebastião José de Carvalho e Mello iniciou a reforma universitária, quando apelou para um brasileiro: Francisco de Lemos de Faria Pereira Coutinho, o qual, por sua vez, convidou um outro brasileiro, da minha região, nascido em Macapá, de nome Valente do Couto, a quem incumbiu da reforma no ensino das matemáticas.

Quem pesquisa esse ângulo da vida luso-brasileira verifica com muita facilidade que naquela oportunidade os brasileiros constituíam a parcela mais atuante da vida intelectual em Portugal, de tal forma que muitos deles, terminando o respectivo curso, eram proibidos de regressar ao Brasil, sob a alegação de "que eram necessários na península pelo muito que sabiam e pelo muito que poderiam servir na metrópole".

* * *

II

Muitos eram de ideias avançadas e alguns foram perseguidos pelo Tribunal do Santo Ofício. Quando pesquisei a vida dos ancestrais de Affonso Arinos de Mello Franco – para dirigir-lhe a saudação pela entrega da medalha Teixeira de Freitas, no IAB –, encontrei o irmão do seu tetravô paterno, um mineiro de Paracatu – Francisco de Melo Franco, introdutor da pediatria em Portugal e no Brasil –, às voltas com um processo instaurado pelo Santo Ofício, mal tinha iniciado o seu curso médico, em 1777.

Vale colocar em relevo – pelas voltas que o destino dá – que já ao término dos seus estudos (conseguira permissão real para tanto) tirou Francisco de Mello Franco violenta desforra da velha Universidade de Coimbra.

Foi quando, sob a imposição de D. Maria, tentou-se destruir a reforma nos meios universitários, apavorados que se encontravam os círculos profissionais e governamentais – como costuma ocorrer em situações que tais, em todas as épocas. Francisco de Mello Franco, em rara ousadia, lançou sobre o austero templo da sabedoria lusitana a sua lança candente: deu a lume o panfleto famoso, consubstanciado no poema satírico "O Reino da Estupidez", e para o qual recebeu a colaboração, segundo uns, do então calouro e aluno do curso jurídico: José Bonifácio de Andrada e Silva, mais tarde o Patriarca da Independência.

CRIAÇÃO DAS UNIVERSIDADES

A inteligência brasileira – e seria injusto negá-lo – só teve abertas as suas perspectivas com o desembarque de D. João, príncipe regente, quando criou ele a vasta série de atos que iniciaram a derrubada do sistema colonialista e, com isso, a ampliação dos diplomados em Coimbra.

É que, ao contrário da América Espanhola, nunca havia o governo português permitido a instalação no Brasil de instituições de ensino superior. Da mesma forma, os que se batiam por nossa emancipação política defendiam ardorosamente a necessidade de aqui criar-se uma universidade. Com o movimento pela independência, aumentaram essas pressões. José Feliciano Fernandes Pinheiro, o futuro visconde de São Leopoldo, regressando ao Brasil para assumir sua cadeira na Constituinte de 1823, recebeu apelo dos estudantes brasileiros em Coimbra para que atuasse em prol da criação de um curso jurídico em nosso país recém-independente.

* * *

III

Tal preocupação deu origem a projeto de lei apresentado em julho de 1823 propondo a criação de um curso jurídico e uma universidade em São Paulo. Ele argumentava que muitos dos formados em Coimbra não se haviam decidido voltar para o Brasil, onde sua contribuição era altamente necessária para o país nascente, em virtude da inexistência de instituições de ensino superior em nossa terra.

Feita a independência – para a qual tanto concorreram –, os diplomados em Coimbra puseram à prova os seus conhecimentos, redigindo os textos legais necessários, notadamente a Constituição de 1824.

Atualizados com as novidades democráticas e liberais que surgiam mundo afora, os juristas verificaram que as necessidades do país não se detinham apenas na elaboração de textos legais, uma vez que a formação de suas elites, tanto em qualidade quanto em quantidade, fazia-se imperiosa para a continuidade da pátria.

Assim é que, em nossa primeira Assembleia Constituinte, a maioria dos parlamentares era familiarizada com a literatura clássica, mas eram poucos os que tinham conhecimento das instituições políticas dos países que estavam na vanguarda do movimento liberal do início do século XIX. Uma das razões para isso, além da censura régia, havia sido o pouco conhecimento de idiomas estrangeiros. Vale lembrar, nesse contexto, a figura de Tiradentes, à procura de alguém que, em Ouro Preto, lhe pudesse ler a Constituição americana no original.

Apesar dessa desvinculação cultural com as fontes do pensamento liberal, a ordem constitucional que se pretendia aqui estabelecer era liberal. Todavia, o era mais no sentido de opor-se ao absolutismo do que seguindo um programa específico de organização do Estado e da sociedade.

Entre as teses liberais que influenciaram decididamente nossos legisladores estava a de que o homem realiza a sua felicidade terrena através do exercício político da liberdade. Trata-se do preceito entronizado na constituição americana dos direitos fundamentais do homem à vida, à liberdade e à "procura da felicidade".

A doutrina liberal havia sofrido a perseguição do poder político português, tanto dentro como fora da universidade.

* * *

IV

A já mencionada reforma pombalina de 1772 havia posicionado a universidade no sentido da formação de novas elites modernizantes, mas sua ênfase era técnica e instrumental e não política e filosófica. As obras de John Locke, por exemplo, foram proibidas em Coimbra, embora conste que o próprio Pombal tinha escritos do pensador inglês entre os livros de sua biblioteca.

Outro cânone liberal, a noção da igualdade natural, embora estabelecido em textos legais, estava todavia em conflito com nossa realidade de país escravocrata. Essa situação criava igualmente obstáculos à aceitação da ideia, tão cara aos liberais clássicos, da necessária interrelação entre a liberdade e a propriedade.

No Brasil da época da independência, um terço da população era composta de escravos, ou seja, pessoas que eram consideradas propriedades de outrem e para quem havia uma contradição evidente entre a liberdade e a propriedade.

A relação entre o Estado constitucional e a sociedade na qual se pretendia implantá-lo, entre o país legal e o país real, foi uma das principais tônicas do debate que se travou na Constituinte de 1823 sobre a criação dos cursos jurídicos. Para o visconde de São Leopoldo, a universidade era necessária devido ao fato da instrução ser a "sólida base de um governo constitucional". O visconde de Cairu, igualmente deputado constituinte, argumentava que, sendo a defesa da nova nação sua primeira prioridade, imediatamente depois teria de vir "a instrução superior do Império". O argumento da maior parte dos liberais da época era ser impossível a instauração do Estado constitucional sem uma população culta. Ao mesmo tempo, outra corrente, conservadora, via no fortalecimento do Estado o pressuposto para o progresso material e social.

Nesse contexto, a fundação dos cursos jurídicos é um primeiro passo para a formação da própria nacionalidade. Serviram eles uma dupla e importantíssima função para a construção da nação brasileira. Eram, ao mesmo tempo, guardiães do pensamento liberal e instituições formadoras da burocracia estatal, operacionalizando assim o projeto de Estado nacional de nossa elite política.

A Assembleia Constituinte de 1823 não pode efetivar a criação da universidade, atropelada pela reação autocrática do imperador. A tentativa liberal, todavia, como sói acontecer entre nós, deixou uma semente que germinaria mais tarde, com nossa primeira legislatura ordinária, que tomou posse em 1826.

* * *

V

No novo Parlamento era predominante a presença de bacharéis em Direito: 44 entre os 106 deputados e 25 entre os 50 senadores eram advogados, o que permitiu, de imediato, fossem apresentados projetos no sentido de serem criados cursos jurídicos em nosso país.

Embora a ideia da necessidade de implantação do ensino superior fosse incontroversa, travaram-se acesos debates acerca de uma série de pontos, entre os quais a localização da escola e o curriculum a ser adotado. Quanto à localização, Francisco Gê de Acaiaba Montezuma defendia ardorosamente a Bahia como sede da futura universidade.

Outros, como Campos Vergueiro, argumentavam da importância de mantê-la longe da corte, já que a presença de estudantes poderia significar pressões sobre o "bom andamento dos negócios de Estado". Encontramos aqui ecos do que ocorreria mais tarde nos debates sobre a criação da Universidade de Brasília. A decisão final previa dois centros de estudos universitários, uma faculdade em São Paulo e outra em Olinda.

Na importante questão do conteúdo a ser ensinado, o visconde de Cairu defendia a posição de que a assembleia deveria manter sob seu controle o *curriculum*, já que, segundo ele, ideias como as de Rousseau não deveriam corromper a juventude acadêmica. De qualquer forma, a lei de 11 de agosto de 1827 previa que os professores teriam autonomia para escolher o material didático, desde que esse não opusesse a filosofia política aceita pelo império.

A mesma ingerência do poder de Estado sobre a atividade acadêmica se pode identificar no cuidado como são definidos, na lei, tanto os cursos a serem ministrados nas duas faculdades, quanto à forma de sua organização administrativa. Descia a lei ao pormenor da distribuição das cadeiras por semestre e dos títulos das disciplinas. Tínhamos no Brasil, então como agora, a busca do controle do governo sobre os pormenores da vida em sociedade.

Dentro desse quadro, inauguram-se os cursos jurídicos no Brasil. Em São Paulo, a 1º de março de 1828, com uma aula intitulada "O Direito Divino do Povo" e proferida pelo dr. José

Maria de Avelar Brotero, instalava-se a faculdade no prédio da Província Franciscana da Imaculada Conceição.

* * *

VI

Em Olinda, noutro convento, o mosteiro de São Bento, abre-se a atividade acadêmica a 15 de maio do mesmo ano, com aula do dr. Lourenço José Ribeiro.

Terminava assim a etapa da criação dos cursos jurídicos, mas a vinculação da profissão das leis às causas democráticas havia de permanecer. Não se tratará aqui, por falta de espaço, da longa história das lutas dessa escola em prol das mais importantes bandeiras da oposição ao arbítrio dos governantes. Essa narrativa se encontra cheia de momentos heroicos, da luta pela abolição da escravatura, pela República, pela democracia durante o Estado Novo, contra o autoritarismo após 1964.

Faculdades e a Ordem dos Advogados do Brasil lideraram a defesa do Estado de Direito, apoiando a feitura de leis que não ferissem a dignidade humana. Estiveram sempre os bacharéis nas barricadas de defesa da democracia, e essa tem sido uma luta permanente, profissional e política, dando prova de que a Ordem dos Advogados do Brasil vem sendo altaneira na sua missão de vincular os anseios da classe aos reclamos democráticos da sociedade civil, porque não se tem batido apenas nas pugnas que são possíveis, mas, e principalmente por não ter nunca cedido ao sustentar os princípios que lhe garantem a posição de estuário de todos os que lutam em favor do fortalecimento das instituições democráticas e a de vanguardeira na devolução do poder político à nação.

É evidente que a OAB vem indicando que o país ainda mostra as marcas de grave deformação jurídica, em que não há regras estáveis, com a figura do Executivo cada vez mais forte, destruindo a harmonia e independência dos poderes, impondo a quebra da autenticidade da representação popular e dificultando a alternância do poder, características basilares do regime democrático.

Impõe-se o respeito à volta da dignidade do Parlamento, não para o uso abusivo por parte de quem o desvirtue, mas para sua real independência, uma vez que, sem a sua existência, ficará submetido à volúpia do Executivo.

A OAB tem defendido um Judiciário livre não só para julgar o comportamento humano, os atos do Poder Legislativo e do Poder Executivo, mas, também, sua completa autonomia, compreendida esta na valorização dos seus quadros e na sua vida financeira, sem a intromissão que é feita pelo Executivo.

* * *

VII

Claro que tais ânsias são entendidas sem manifestações de força – ou sem revanchismo –, uma vez que constituem produto do pensamento obscurantista que outra coisa não visa senão o cerceamento da ação soberana do povo, única fonte de poder e que, sem o seu consentimento, jamais será legítimo.

É preciso lembrar, e aqui invoco a lição de Maurice Duverger (*Ciência política – teoria e método*, p. 15, Editora Zahar, 1962):

> O poder legítimo não tem necessidade da força para se fazer obedecer... Se a legitimidade é sólida, o poder pode ser suave e moderado.

Se não há necessidade de força, como atingir a legitimidade do poder e, decorrência, o indispensável reencontro conciliatório de governantes e governados?

Com uma simples reforma política?

Não pode a nação ficar de joelhos... É imperioso que se levante... ponha-se de pé, uma vez que de pé terá mais condições de receber o abraço de legitimidade do povo brasileiro.

Por essa razão, quando o Brasil foi mobilizado para a tarefa de elaborar uma nova Carta Magna e reordenar o país após a ruptura da ordem constitucional, não se pôde ofuscar que a independência política da nação brasileira complementou-se com a instalação dos cursos jurídicos em São Paulo e Olinda, onde os filhos dos grandes proprietários rurais, ainda os senhores do "baraço e cutelo" das decisões políticas, iriam fazer a sua formação e, consequentemente, preparar-se para o comando do país.

Decorridos, pois, 183 anos de sua existência, os bacharéis em Direito continuam defendendo a ordem constitucional por meio do seu órgão de classe – a OAB –, já que a análise dos atos dos governantes pelo povo, seja para aplaudi-los ou repudiá-los, representa verdadeiro estado democrático. E deste, sempre fiel às suas tradições, o verdadeiro advogado não se afasta.

Prova maior dessa assertiva é a consagração que registra o art. 133 da Constituição de 1988:

"O advogado é indispensável à administração da justiça, sendo inviolável por seus atos e manifestações no exercício da profissão, nos limites da lei."

* * *

O POEMA DE RUI

Cedo hoje este espaço para transcrever o poema de Rui Barbosa, de impressionante atualidade, sem a necessidade de se mudar uma palavra:

"Sinto vergonha de mim... por ter sido educador de parte deste povo, por ter batalhado sempre pela justiça, por compactuar com a honestidade, por primar pela verdade e por ver este povo já chamado varonil enveredar pelo caminho da desonra. Sinto vergonha de mim... por ter sido feito parte de uma era que lutou pela democracia, pela liberdade de ser e ter que entregar aos meus filhos, simples e abominavelmente, a derrota das virtudes pelos vícios, a ausência da sensatez no julgamento da verdade, a negligência com a família, célula-mater da sociedade, a demasiada preocupação com o "eu" feliz a qualquer custo, buscando a tal "felicidade" em caminhos eivados de desrespeito para com o seu próximo. Tenho vergonha de mim... pela passividade em ouvir, sem despejar meu verbo, a tantas desculpas ditadas pelo orgulho e vaidade, a tanta falta de humildade para reconhecer um erro cometido, a tantos "floreios" para justificar atos criminosos, a tanta relutância em esquecer a antiga posição de sempre "contestar", voltar atrás e mudar o futuro. Tenho vergonha de mim... pois faço parte de um povo que não reconheço, enveredando por caminhos que não quero percorrer... Tenho vergonha de minha impotência, da minha falta de garra, das minhas desilusões e do meu cansaço. Não tenho para onde ir pois amo este meu chão, vibro ao ouvir meu Hino e jamais usei a minha Bandeira para enxugar o meu suor ou enrolar meu corpo na pecaminosa manifestação de nacionalidade. Ao lado da vergonha de mim, tenho tanta pena de ti, povo brasileiro! De tanto ver triunfar as nulidades, de tanto ver prosperar a desonra, de tanto ver crescer a injustiça, de tanto ver agigantarem-se os poderes nas mãos dos maus, o homem chega a desanimar da virtude, a rir-se da honra, a ter vergonha de ser honesto."

Vale a pena ler e refletir, porque o senso moral e a dignidade pessoal nascem com cada ser humano, eis que a vida não confere essas qualidades a quem quer que seja, sobretudo ao hipócrita a quem Lincoln definia como o "homem que assassinou o pai e pede clemência alegando ser órfão".

* * *

REFORMA POLÍTICA

I

A presidente eleita, Dilma Rousseff, no seu discurso de vinte minutos, após computados os votos que lhe deram a vitória e a fizeram entrar na história como a primeira mulher a ser alçada ao mais alto cargo da nação, surpreendeu os que a ouviram ao declarar, entre outras afirmativas, "que irá empreender esforços para a realização da reforma política". E enfatizou: "disse e repito que prefiro o barulho da imprensa livre ao silêncio da ditadura."

Nada tão oportuno que isso aconteça porque o Legislativo vem resvalando no declive da opinião pública, ora pelo desacerto de certas escolhas, ora pela acomodação de uns e pela omissão de tantos. De forma deplorável, vem ele se tornando um simples caudatário do Executivo, hoje mais poderoso do que nunca.

A fragilidade do Legislativo, ontem como nos dias atuais, só é superada pelas qualidades pessoais de alguns dos seus integrantes – felizmente –, senão estaria fadado a se transformar em mero ajuntamento de pessoas muito mais acomodadas no pântano insalubre das suas ambições pessoais do que nos interesses da coletividade.

Os que honram o Poder Legislativo jamais se submetem a pressões de interesses particulares contrariados nem a de grupos insensíveis ao interesse público e, quando deles se afastam, têm consciência de suas alternativas, as quais excluem a mediocridade, ou um mandato glorioso, ou o recolhimento ao lar. É que os tempos atuais fazem questão de exibir que a política brasileira, na sua pobreza deplorada, a ninguém causa impressão de assombro, mas, sim, de desapontamento. A tal ponto que, na grande quitanda de bobagens em que está ela transformada, ninguém acredita no que diz, ninguém pensa no que faz e poucos fazem o que pensam.

Daí o julgamento popular, através dos institutos de pesquisa, ao afirmar que alguns políticos militantes conseguem chegar ao fim da sua caminhada apenas com o título nada engrandecedor de pioneiro do nada ou desbravador do inútil.

Rogo aos Céus que essa pretendida reforma política não se transforme em bruxuleante resquício do imenso fogo que acenderam as pessoas que lutaram, sofreram e algumas até perderam a vida.

* * *

II

Distritão – são eleitos os mais votados até o limite das vagas por estado. Por ele se elimina a distorção de eleição de candidatos sem votos suficientes para representar o povo. Tem o nome de distritão porque, nesse caso, seria o próprio estado.

- Financiamento público – poderá evitar episódios como o do mensalão, mas só pode ser usado no voto de lista fechada, eis que, sem ele, não pode haver financiamento.
- Lista fechada – não se vota mais na pessoa e sim no partido, ao qual cabe elaborar a ordem de seus candidatos.

- Cláusula de barreira – sistema que exige uma votação mínima para que os partidos continuem desfrutando de regalias, tais como horário gratuito na TV e fundo partidário. Se for efetivada, colocar-se-á um fim nas siglas partidárias nanicas, que servem de aluguel no sistema proporcional e que, sozinhas, não têm votos para o quociente eleitoral. No entanto, esse viés acaba implicando que o eleitor termine elegendo, sem querer, candidatos de outros partidos que não o seu preferido.
- Sistema majoritário – acaba com o quociente eleitoral e vence o candidato que tiver mais votos (acaba com o legado dos "Tiriricas"). Aliás, esse sistema é usado na eleição de presidente da República, governadores, senadores e prefeitos.
- Independência partidária – permite que qualquer cidadão, sem filiação partidária, possa candidatar-se a um mandato para os poderes Legislativo e Executivo.
- Extinção do senador suplente (figura que acaba assumindo o Senado sem ter recebido sequer um único voto).

CONCLUSÃO:

É preciso colocar em relevo que, SEM ACORDO entre as principais correntes partidárias, não haverá reforma política, a não ser que seja fruto da conveniência das forças políticas eventualmente majoritárias.

O que será lamentável.

* * *

A CPMF: DE NOVO?

A CPMF teve sua origem no ano de 1996, resultado de uma emenda constitucional, que tomou o nº 12, de autoria do senador Antonio Carlos Valadares, de Sergipe. Os senadores foram se sensibilizando, sabedores de que os recursos eram destinados ao Fundo Nacional da Saúde e que iriam, consequentemente, financiar exclusivamente ações e programas de saúde. Assim, ficou estabelecida uma alíquota de 0,20% sobre o valor de cada movimentação ou transmissão de valores e créditos de natureza financeira, que vigoraria por apenas dois anos. No entanto, o contorcionismo político se fez presente e a Emenda nº 21, de 1999, prorrogou a CPMF por mais três anos, ampliando a alíquota para 0,38% por 12 meses e reduzindo-a para 0,30% por mais 24 meses. O que é mais grave: o resultado do aumento da arrecadação foi desviado da área da saúde para a previdência social.

No andar da carruagem, surgiu a Emenda nº 31, de 2000, que restabeleceu a alíquota adicional de 0,08% e acabou por desviar a receita da área da previdência social para o Fundo de Erradicação da Pobreza. E não parou por aí: em 2002, pela Emenda nº 37, a CPMF foi novamente prorrogada até 31/12/2004, e da alíquota de 0,38% somente a receita decorrente da parcela de 0,20% continuou destinada a área da saúde. Entretanto, antes de chegar ao ano de 2004, a Emenda nº 42, de 2003, prorrogou a CPMF, mais uma vez, até 31/12/07.

No decurso do ano de 2006, as classes empresariais, a imprensa e toda a sociedade pressionaram o Congresso Nacional e derrubaram a proposta do governo, que desejava obter uma prorrogação até 2011.

Agora se fala em criar uma Contribuição Social para a Saúde (CSS), através de Projeto de Lei Complementar, que incidirá sobre movimentações e transmissões financeiras pela alíquota de 0,1% e cuja receita será incorporada ao Fundo Nacional de Saúde.

Vale salientar: nova roupagem a ser dada à malsinada CPMF. Só que os seus autores – ou defensores – devem se dar conta de que o retorno dessa contribuição é, induvidosamente, inconstitucional, por estar albergada em lei complementar e não em emenda constitucional.

O tempo dirá!

* * *

A TRANSIÇÃO: MAQUIAVEL

I

Tenho poupado os meus leitores – número reduzido, bem o sei – de abordar assuntos cuja temática envolva questões políticas. Às vezes, no entanto, é preciso abrir exceções, como neste momento em que se promove a formação da equipe de governo da futura presidente da República.

Os integrantes do núcleo de poder que constroem o futuro ministério são incorporados por membros do partido da candidata e se distinguem dos núcleos partidários de apoio ou de adesão, o que gera para estes um certo desconforto. Em decorrência, qualquer anúncio precipitado de que fulano foi escolhido para ser ministro de Estado pelo cota pessoal da presidência motiva um desmentido da bancada do próprio partido do indicado, forçando um recuo de quem fez o pressuroso anúncio antes que a presidente eleita o fizesse.

A situação fica mais delicada quando isso proporciona um natural azedume entre a presidente eleita e determinados aliados, o que me leva a pensar que certos políticos, roídos pela ambição do poder, precisam ler Maquiavel, ou – se o fizeram – providenciar uma releitura.

Niccolò Machiavelli, nascido em Florença, Itália, escritor, poeta, diplomata e músico, é mais conhecido pelo seu célebre livro O *príncipe*, dividido em 26 capítulos, considerado por alguns como um tratado político, e dedicado ao duque Lourenço de Médici, durante cujo governo iniciou a sua vida política, aos 29 anos, no cargo de secretário da Segunda Chancelaria.

O livro traz uma série de conselhos e advertências, baseados nas observações que Maquiavel fazia do modo como eram conduzidos os negócios públicos e os caminhos pelos quais seriam conquistados e mantidos os principados.

Por mais que os seus analistas tenham tentado, até hoje surgem dúvidas sobre as verdadeiras intenções a que se teria proposto o autor, uma vez que para uns o legado por ele deixado nas lições de permanência no poder e conquista de territórios o tornava um defensor da falta de ética na política, "em que os fins justificam os meios" – expressão, aliás, não encontrada no seu livro –, e que motivou serem as suas obras e ele próprio vistos como perniciosos, a tal ponto que o adjetivo maquiavélico, oriundo do seu nome, é tido como sinônimo de pérfido, astuto, velhaco, esperto.

* * *

II

É claro que uma leitura apressada da sua obra pode levar a equívocos. Segundo alguns historiadores, é preciso entender que a sua teoria o coloca no contexto da Itália renascentista, ou seja: o que estaria ele querendo, a pretexto de aparentemente dar conselhos ao príncipe para a permanência no poder, na verdade era mostrar ao povo como os governantes agem. Vale dizer: uma postura denuncista.

É sabido que o livro foi concluído em 1513, mas somente no ano de 1532 é que foi publicado. Portanto, postumamente. E o ponto de vista que defendia era o de que o príncipe não deveria apoiar-se em mercenários – como era de costume – e sim em exércitos próprios, nos quais suas forças de conquista seriam maiores. Daí o seu entendimento de que seria possível um príncipe unificar a Itália e defendê-la contra os estrangeiros, enfatizando essa tese a tal ponto que, ao discorrer sobre a fraqueza dos estados italianos, afirmou que seria possível que "um novo príncipe conquiste e liberte a Itália".

É dele próprio o esclarecimento que faz sobre sua obra, em carta a um amigo seu, Francisco Vittori, datada de 10 de dezembro de 1513. Transcrevo-o: "E como Dante diz que não se faz ciência sem registrar o que se aprende, eu tenho anotado tudo nas conversas que me parece essencial, e compus um pequeno livro chamado *De principatibus*, em que investigo profundamente o quanto posso cogitar desse assunto, debatendo o que é um principado, que tipos existem, como são conquistados, mantidos e como se perdem."

Decorridos quase 500 anos dessa análise de como podem ser conquistados, mantidos ou perdidos os principados, o que se nota, por lástima, é um mundo moderno em que pode ser julgado um museu de gozadores, quase senis, diante da perspectiva do tempo, ou um viveiro de estadistas cegos que não souberam vislumbrar e atentar para a injustiça social, que aí está mais do que nunca golpeando contingentes oprimidos pela miséria, e devem ser identificados como grandes réus, expostos à condenação de tribunais situados na posteridade.

Pior: as massas sociais são coagidas pela cupidez das oligarquias, as quais, por serem tão superadas, equivalem a um velho ossário político. E não tem Maquiavel que dê jeito.

* * *

PENSAMENTOS

I

Como homenagem aos meus leitores – poucos, mas assíduos e sinceros – partilho estes pensamentos de minha autoria, em número de setenta, esperando que possam servir de alguma meditação: 1º) Nada na vida é tão barato como aquilo que uma pessoa pode comprar com dinheiro. 2º) A velhice, para o otimista, é a armazenagem de juventude. Para o filósofo, é a decrepitude do corpo, que conserva o desejo mas perde a esperança. 3º) Certas pessoas são como o latão... por mais brilho que a ele se dê jamais se transformará em ouro. 4º) A crítica de determinados indivíduos, em vez da fina ironia, acaba por fazer com que se esparramem no terreno do deboche. 5º) Feliz do homem público que, ao deixar o cargo, pode dizer que carrega consigo as cicatrizes orgulhosas do dever cumprido. 6º) É prova de sabedoria alinhar primeiro as percepções e depois concentrar as decisões. 7º) Aquele que caminha com a fantasia acaba tropeçando na realidade. 8º) Na luta pela ética, chegou à conclusão de que era muito ingrata a peregrinação e acabou se transformando em romeiro de um ideal perdido. 9º) O bom orador, com a sua eloquência, emoldura o pensamento. 10º) Certos discursos, além de estafantes, são vazios no conteúdo e claudicantes na forma. 11º) Só alcança a posteridade os que se afirmam na serena sublimação de seus éditos morais. 12º) Os túmulos de meninos pobres, famintos, desvalidos e assassinados pela fome são sepulturas sem inscrição. 13º) É gesto de sabedoria, quando se atinge a maturidade, jogar fora as mágoas e cultivar apenas as boas lembranças. 14º) Os que se utilizam do aval da omissão ou da cautela do silêncio sentirão, um dia, que a omissão e o silêncio foram gestos de covardia que acabarão por levá-los ao cadafalso da opinião pública. 15º) O conviva do banquete da calúnia, da injúria e da difamação é um frustrado que se utiliza de recursos que jamais substituirão os argumentos da dignidade. 16º) O remorso é o filho bastardo da consciência com o crime. 17º) A esperança jamais poderá se transformar em simples aspiração em trânsito para o desencanto. 18º) A gentileza é a característica das pessoas de boa índole, enquanto a grosseria é a dos mal-educados. 19º) Não se deve confundir altivez com arrogância. Enquanto esta é defeito, aquela é qualidade. 20º) O que é o silêncio? O clamor de tudo aquilo que não fala.

* * *

II

Consoante registrei no último domingo, aí vão outros pensamentos: 21º) Na vida devemos tomar, como exemplo, a atitude dos mergulhadores nativos do Pacífico que conseguem retirar de uma concha áspera e dura a beleza de uma pérola. 22º) A alternância do poder é a característica básica do regime democrático. 23º) O provérbio chinês ensina que uma longa marcha começa com o primeiro passo. Para mim, ela tem início com a decisão que o antecede. 24º) Não será possível ir muito longe na compreensão das ideias políticas sem a verificação de como estão elas relacionadas com os fatos políticos. 25º) Certo tipo de ser humano será sempre considerado um pioneiro do nada ou um desbravador do inútil. 26º) Consiste em um privilégio deixar indelevelmente tombado no patrimônio do afeto a existência de um amigo leal. 27º) O político militante deve abandonar essa seara quando tem consciência de suas alternativas, as quais excluem a mediocridade: ou um mandato glorioso, ou o recolhimento ao lar. 28º) O senso moral e a dignidade pessoal nascem com o ser humano, uma vez que a vida não confere esses atributos a quem quer que seja. 29º) Não amealhou fortunas nem delas se tornou vigia. Em compensação, jamais foi um homem atormentado pelas ambições pessoais ou pelo poder. 30º) O juiz íntegro é aquele que na sua trajetória reafirma, ininterruptamente, ser um homem surdo às influências estranhas, não compartilhando com a prepotência; indiferente ao medo pelos poderosos; e se fixando no objetivo que deve ser cumprido na sua missão: assegurar os legítimos direitos e interesses das partes em litígio. 31º) O historiador só desfrutará da intimidade da glória se fizer da dignidade um inalienável princípio de vida. 32º) Tenham sempre presente, os que fazem a lei, que se ela não garantir hoje o direito do meu adversário, poderá não garantir amanhã o meu direito. 33º) Era de uma dignidade tão rígida e tão firme que sobre a sua campa ninguém ousou jogar a profanação das dúvidas. 34º) Aquele que não é homem de caminhos sinuosos acaba por contrariar os que se enquistam no poder. 35º) Liberdade não é aquela propalada, anunciada ou a que registra que o ser humano é livre porque nasceu livre. Isso não tem o menor sentido, uma vez que, quem assim pensa, quem assim procede, está aquém dos postulados da liberdade.

O CRONISTA | 2011

Pensamentos – III

Dou sequência a mais alguns pensamentos para fazer o encerramento no próximo domingo: 36º) "Caveant Consules" parte da advertência com que o Senado romano, nos momentos de crise, convidava os cônsules a ponderar bem sobre a escolha de um ditador. 37º) Nas ditaduras, a nação está de joelhos. É imperioso que se lute para que ela se levante... ponha-se de pé, eis que, desse modo, terá condições de receber o abraço de legitimidade do povo. 38º) Se o Brasil não correr atrás da revisão de patentes concedidas externamente, de forma irregular, terá de entrar na fila de compradores de um produto cujo insumo lhe foi surrupiado. 39º) Manter a Amazônia intocada, qual um santuário da natureza, é um absurdo que somente pode povoar a imaginação de sonhadores ou de quem não tem compromisso com o futuro de nosso país. 40º) A questão da Amazônia é sobretudo ética. E a ética é a base de toda regra de convivência racional e consciente. 41º) O Brasil jamais abrirá mão de sua soberania, historicamente reconhecida, sobre seu território amazônico. Vale dizer: a sua internacionalização é projeto excluído de qualquer agenda de discussões. 42º) Tenho simpatia pelo nome Aurélio: o único a possuir as cinco vogais. 43º) Em alguns instantes sinto-me encarcerado no presídio do afeto, no qual as velhas amizades exercem as funções de carcereiro. 44º) A maturidade é a época em que a capacidade de escolher se aprimora, a tolerância com as pessoas se amplia e se cultiva a chamada virtude da prudência. 45º) Às vezes me dou conta de que sou como aquele marinheiro, ancorado no cais de tantas recordações, espécie de forasteiro que perdeu o hábito de partir. 46º) As honrarias não valem só por si, mas – e principalmente – pela respeitabilidade de quem as outorga. 47º) Quando olho para o firmamento, vejo as luzes das estrelas a piscar nas rodovias celestiais, espetacular milagre de Deus. 48º) Ao receber um elogio sincero não se deve esconder a emoção, pois soaria falso escondê-la sob o manto da modéstia, tantas vezes fingida e quase sempre insincera. 49º) O mau pagador – o chamado caloteiro – terá sempre o seu caminho obscurecido pela névoa do descrédito. 50º) Se houvesse uma Declaração de Rendimentos da Vida, nela incluiria o bem que tenho de maior valor: a gratidão.

* * *

IV

Chego, hoje, ao final. 51º) Prefiro perder com as minhas virtudes do que ganhar fazendo concessão aos defeitos alheios. 52º) Ser avô é estar no céu... e bisavô é aguardar a oportunidade de falar com Deus. 53º) O adulto cultiva a dissimulação porque perdeu a espontaneidade que tinha quando era criança. 54º) Alguns políticos – salvo as honrosas exceções – estão muito mais voltados para as suas ambições pessoais do que para os interesses da sociedade. 55º) O falso amigo é excessivamente mais danoso do que o inimigo declarado. 56º) Não ambiciones o dinheiro fácil, porque é mal havido e, como tal, amaldiçoado: surge agora e desaparece daqui a pouco. 57º) A beleza das coisas não está no que elas exibem... mas na sensibilidade de quem as interpreta. 58º) A honradez é o passaporte com o qual se pode percorrer os caminhos da dignidade e da decência. 59º) O que é saudade? A fiandeira das distâncias. 60º) Nas Copas do Mundo, os pés dos jogadores são a alma da nação. 61º) Olhava para o passado... tornou-se contemplativo do presente e se esqueceu de vislumbrar o futuro. Deu no que deu. 62º) O prestígio do cargo público te fornece áulicos; o conceito que granjeaste ao longo da vida te dá admiradores. 63º) Não ambiciones ser modelo para ninguém, mas não te descuides de servir de exemplo. 64º) Meus pais não eram santos, mas realizaram o milagre de criar seus filhos honrando a família. 65º) Não tenhas receio de abraçar os que são portadores de hanseníase, mas despreza os que são leprosos morais. 66º) Cuidado, muito cuidado, com os falsos puritanos, pois aparentam ter fachada de catedral quando, na verdade, têm fundos de bordel. 67º) É preciso ter cuidado de não abusares em querer ser popular, pois um dia poderás te transformar em vulgar. 68º) Diz o ditado: o seguro morreu de velho... e eu acrescento: com a dona prudência a lhe segurar as alças do caixão até a última morada. 69º) Feliz do ser humano que integrando uma pequena e altiva minoria soube ultrapassar as barreiras dos escombros e colocar uma trava no portão da adversidade. E soltar o grito da vitória. 70º) Nas rodovias, que levam de um lugar a outro, há sempre uma placa indicando a quantos metros se encontra o retorno. Já na estrada da vida, por mais que se busque, não há retorno.

* * *

JERUSALÉM E AMMAN

Há tempos não voltávamos, Zuleide e eu, à cidade de Jerusalém, que é dividida em duas partes: a cidade velha e a cidade nova. A primeira é considerada, para o cristianismo e o judaísmo, como a cidade mais sagrada do mundo, enquanto para o islamismo é a terceira mais sagrada.

Curiosamente, a cidade é dividida em quatro bairros: o cristão, o judeu, o muçulmano e o armênio, todos eles interligados um com o outro e de circulação livre.

Foi nela que se estabeleceu a primeira comunidade cristã do mundo e é pena que alguns dos seus locais mais sagrados – como conhecemos na nossa primeira visita, em 1984 – já não guardem a mística e a liturgia religiosa, a ponto de o comércio exageradamente ostensivo na Via Dolorosa nos ter chocado profundamente.

Dali partimos para Belém, situada a 12 km de Jerusalém, no território palestino, separada de Israel por um muro de quase oito metros de altura, aonde chegamos após percorrer algumas barreiras fortemente policiadas. Mencionada na Bíblia como o local do nascimento de Jesus, é uma igreja ortodoxa grega que abriga o local onde ele nasceu, e, paradoxalmente, ao seu lado se encontra uma igreja católica.

Em Belém não se pode deixar de visitar a Gruta de São Jerônimo, onde este santo viveu e traduziu a Bíblia para o latim, assim como é imperioso que se percorra a Basílica da Natividade, construída no ano de 330 pelo imperador Constantino a pedido de sua mãe, Santa Helena.

Continuando o nosso itinerário, seguimos para Nazaré, considerada uma das cidades mais importantes para nós, cristãos, porque nela vivia Maria, mãe de Jesus. Visitamos a imponente Igreja da Anunciação, a maior do Oriente Médio, e o local onde o Anjo Gabriel anunciou a Maria que ela seria a mãe do filho de Deus.

Voltamos ao rio Jordão, onde Jesus foi batizado por João Batista, e revisitamos Cafarnaum, às margens do mar da Galileia, local em que Jesus viveu e realizou a maior parte do seu ministério.

* * *

JORDÂNIA

Com uma área aproximada de 90 mil km², a Jordânia faz fronteira com Síria, Iraque, Árabia Saudita, Israel e Cisjordânia, e a sua capital, Amman, é uma das mais antigas cidades ainda habitadas, com resquícios do período neolítico (7000 a. C.).

O rei Abdullah, sucessor do rei Hassan, atual chefe de Estado, com formação acadêmica em Oxford, na Inglaterra, tem se empenhado no controle do fundamentalismo islâmico, no sentido de preservar a paz e o caráter pacífico do povo.

Visitamos Monte Nebo, local em que Moisés avistou a terra prometida e onde está o seu túmulo. De lá fomos a Betanya e Madaba, e comprovamos, no chão da igreja de São Jorge, a existência de um impressionante mosaico bizantino do século VI representando a Terra Santa e composto por mais de 2 milhões de peças coloridas.

A surpresa maior estava por vir. E ela ocorreu quando paramos na cidade de Petra, uma das sete novas maravilhas do mundo, construída pelos nômades nabateus no século VI antes de Cristo, e somente descoberta em 1812 pelo suíço Johann Ludwig Burckhardt.

Situada a 260 km de Amman – aproximadamente 2h30 de automóvel –, os comerciantes nabateus dominaram a cidade durante 2 mil anos e conseguiram transformá-la na rota mais importante do comércio que ligava a China, a Índia, o Egito, a Síria e Roma.

Petra – considerada a cidade rosa – até hoje intriga o mundo, uma vez que, esculpida na pedra, possui ela um teatro romano que pode acomodar aproximadamente 6 mil expectadores.

Do local onde ficam estacionados os ônibus e os automóveis particulares, o caminho até a fachada de Petra é feito a pé (ou de charrete para os mais idosos, com dois lugares), e, a cada passo, o fascínio é exuberante.

O que extasia os olhos dos visitantes é lembrar os filmes ali produzidos, como "Indiana Jones e a Última Cruzada" (Harrison Ford e Sean Connery), além da telenovela brasileira "Viver a Vida", a comprovar que Petra é real... ela existe.

Vale a pena visitá-la. E agradecer a Deus por esse privilégio.

* * *

LINCOLN

I

14 DE ABRIL DE 1865

Camarote presidencial do Teatro de Ford, em Washington.

Os espectadores, atentos ao desenrolar da comédia "Nosso primo americano", só se deram conta de que era o disparo de um tiro de revólver quando o espetáculo foi interrompido.

Uma bala certeira – criminosa e fruto de paixões políticas jamais serenadas – atingiu a parte posterior da cabeça daquele homem com quase 2 metros de altura, magro, roupas folgadas e rosto anguloso.

O projétil, alojado por trás da orelha esquerda, em linha oblíqua ao ouvido direito, o impedia de reconhecer as pessoas, o que motivou ser transferido de imediato para uma casa vizinha, defronte ao teatro, onde exalou o seu último suspiro, logo na manhã do dia seguinte, 15 de abril de 1865.

Os Estados Unidos pararam... silenciaram... morrera Abraham Lincoln... o povo norte-americano chorava a morte de um exemplar presidente da República. E o mundo, até hoje, lamenta a perda de um grande estadista.

Lutando a partir de tenra idade para ajudar a mãe, foi pastor, lenhador, barqueiro, fabricante de travessas e paliçadas e condutor de jangadas nos rios próximos de onde a família havia fixado residência. De origem humilde, sua sobrevivência foi extremamente difícil. Seu avô – seguidor da seita dos quakers – foi morto pelos índios e o pai, falecido ainda jovem, deixou a viúva com três filhos, entre eles Lincoln, o mais velho, com apenas 10 anos.

Dizem os historiadores que, antes da morte do pai, na mesa só existiam batatas ao almoço e batatas ao jantar, mas o velho não esquecia de louvar a Deus pelas oferendas recebidas, com as preces mais respeitosas. O que motivava a irreverência do garoto Lincoln: "Ó pai, Deus não está atendendo às tuas orações, porque os alimentos que Ele envia são muito fracos."

Sem escolas, sem livros, seus estudos eram reduzidos. Sabia ler, escrever e fazer as quatro operações, mas – e aí o toque dos quakers – o único livro existente na casa dos pais era a Bíblia. De certa feita – ele próprio o conta – teve de caminhar uma légua para tomar de empréstimo uma "gramática inglesa que lhe oferece um agricultor" e aprender "as regras do seu idioma, de que antes mal fazia uma ideia".

* * *

II

A partir daí, em busca de mais conhecimentos, aceita todas as obras que lhe são oferecidas, entre elas as de Direito, de Sociologia, de Moral e de Mecânica. A leitura é feita até nas ruas, procurando interpretar os fatos, tirando de cada capítulo um ensinamento, um testemunho, uma lição.

Alguns escritores chegam a dizer que até os rótulos das caixas importadas ele não os dispensava, "pois lhe ampliavam os conhecimentos geográficos". E foi exatamente em função dessa continuada e intensa leitura que entrou na vida pública.

Começou como deputado em Illinois (1834-1840) e só no segundo mandato deu início ao curso de Direito. Ao final, conseguiu habilitação para exercer a advocacia. Foi nela que o seu nome começou a ser conhecido, uma vez que, àquela altura, era possível advogar e integrar os chamados tribunais itinerantes do estado, o que Lincoln conseguia durante seis meses a cada ano. Sua atuação foi tão marcante na advocacia que, em 1846, se elegeu deputado federal.

Seu desempenho na Câmara lhe trouxe muito desgaste, sobretudo por discordar de certas manobras que eram levadas a efeito, razão pela qual voltou à advocacia. Mais tarde, retornou à política, candidatando-se ao Senado com a bandeira que não enrolara nunca: contra a extensão da escravidão nos territórios livres.

Perdeu as eleições, mas, curiosamente, transformou-se numa das figuras de maior destaque no país inteiro, o que lhe possibilitou sair vitorioso à presidência da República, tomando posse no dia 4 de março de 1861.

Em 1864 reelegeu-se, logrando o seu segundo maior êxito: o primeiro, já alcançara por vencer a guerra contra os sulistas e agora, em 1865, abolia a escravatura em todo o país.

Conta a história que, um dia, caminhando pelas ruas de Washington, um preto, pobre, malvestido dele se acercou e o cumprimentou com o tratamento íntimo de tu, mas respeitosamente, e o presidente lhe respondeu com ternura.

O secretário, ao seu lado, pressuroso, tentou censurar aquela manifestação de intimidade, e ouviu de Lincoln: "Não posso nem devo permitir que ninguém me exceda em cavalheirismo."

Assim era Lincoln, que atravessou toda a sua vida pública sem um desvio de conduta, sem uma nota desabonadora. Modelo e exemplo de estadista.

* * *

MODERNIZAR A JUSTIÇA

I

Venho acompanhando o noticiário em que se destaca que o Palácio do Planalto, o Congresso Nacional e o Supremo Tribunal Federal começaram a discutir a 3ª edição do Pacto Republicano, "um acordo entre os três poderes pela aprovação rápida de projetos para modernizar a Justiça".

O 1º Pacto Republicano foi firmado em 2005 (aprovação da repercussão geral e da emenda vinculante) e o 2º, em 2009, que alterou parte do Código de Processo Civil, tornando os ritos processuais mais rápidos.

Nesse 3º Pacto Republicano aponta-se, entre as prioridades indicadas pelos juízes, "a reforma do Código de Processo Civil e do Código de Processo Penal", bandeira que a Ordem dos Advogados do Brasil também estaria desfraldando.

Por sua vez, do noticiário se colhe ainda a afirmação do presidente do Supremo Tribunal Federal de que se deve considerar "prioridade diminuir o número de recursos que sejam meros proteladores dos julgamentos".

Nesse passo, estaria ele disposto a encaminhar uma proposta de emenda constitucional com o objetivo de "declarar concluído todos os processos julgados pelo Tribunal de Justiça ou pelos Tribunais Regionais Federais". Com isso, só poderão recorrer ao Superior Tribunal de Justiça "para tentar anular a decisão, mas enquanto esses tribunais não julgassem o caso a pena seria aplicada".

Essa seria a forma pela qual os recursos que hoje são interpostos perante o Supremo Tribunal Federal e o Superior Tribunal de Justiça perderiam o efeito suspensivo. Vale salientar: atualmente a decisão de segunda instância não pode começar a ser cumprida até que o tema seja julgado, em última instância, regra que alimenta a impunidade, eis que um crime pode prescrever antes de ser julgado em definitivo.

Feito esse registro, a mim sempre ocorreu – quando se fala em crise do Poder Judiciário e a sua lentidão – as origens dos seus problemas. A minha análise é a de que estão situados em diversos pontos, num espectro que vai do despreparo técnico de juízes às deficiências na elaboração das normas jurídicas, passando pelo desaparelhamento do Judiciário, pela prática de um sistema abusivo de recursos e pelo excessivo apego ao formalismo, num devotamento à vertente romanista do Direito que já deveria estar vencido.

* * *

II

No exercício do mandato parlamentar, tentei sistematizar as causas da crise do Judiciário e encontrei no meu velho amigo, professor Diogo de Figueiredo Moreira Neto – um estudioso do assunto –, a indicação de três grupos: as causas estruturais, as causas funcionais e as causas individuais. Vamos desdobrá-las.

Estruturais: sistema judiciário complexo e obsoleto: há muitas justiças especializadas, muitas instâncias (quatro); morosidade e deficiência espacial: há a necessidade de proximidade e de celeridade de atuação dos órgãos de primeira instância e do aperfeiçoamento dos sistemas de justiça alternativa e parajudicialidade; deficiência de controles: falta de cumprimento de prazos, de assiduidade e de residência dos titulares nas respectivas comarcas; número insuficiente de juízes: a proporção atual é de um juiz por 45 mil habitantes. A razão em países desenvolvidos é de um juiz por 5 mil habitantes. Necessidade de incentivo para atrair as legítimas vocações a fim de preencher o impressionante número de cargos vacantes na primeira instância.

Funcionais: impropriedade das leis: abundância de leis, inadequação aos fatos que pretendem reger e má confecção das leis;

complicação procedimental: predominância do hermetismo, processualística sobrevalorizada, excesso de meandros técnicos e sistema irracional de recursos; deficiência no sistema de provocação: descaso do poder público na motivação, seleção e aperfeiçoamento dos membros das funções essenciais à Justiça, notadamente nas defensorias públicas.

Individuais: deterioração da formação acadêmica do bacharel: proliferação de faculdades sem bom nível científico. Currículos deficientes nas matérias de Direito Público. Falta de adequado rigor nos exames de Ordem; carência na formação específica dos magistrados: seleção para a carreira através de concursos para ingresso nas Escolas da Magistratura. Promoções condicionadas a cursos de reciclagem.

O que não se pode – por eventual incompreensão de uns, má vontade de muitos e indiferença de quase todos – é perder uma oportunidade que é reclamada pela sociedade brasileira: modernizar a Justiça.

* * *

INGRATIDÃO

É com tristeza que, de vez em quando, comprovo que o ser humano, com raras exceções, é capaz de cultivar, amiúde, a ingratidão, a falta de reconhecimento. Para ele, esquecer os favores que um dia lhe foram prestados é algo incômodo, o que o leva a não reconhecer os benefícios que recebeu de forma direta ou indireta.

Nesse diapasão, ele chega a ter profunda inveja dos que alcançaram os píncaros da glória e que continuam usando a roupagem da modéstia. É que a sua pequenez não lhe permite livrar-se do mal-estar que tanto lhe causa.

Pior: o tempo vai passando e ele, com a memória esmaecida pela conveniência, não pronuncia o nome das pessoas que concorreram para a grandeza do Estado, e muito menos é capaz de uma palavra gentil àqueles que, no passado, enfrentaram todo tipo de hostilidade para obter um resultado satisfatório à sociedade.

O ingrato vive a se atormentar, roído pela ambição de querer alcançar o que não pode, o que o leva a ser conviva do repulsivo banquete de inventar calúnias, patrocinar injúrias e propagar difamações. Chega ao paroxismo de propalar a morte de pessoas que estão cheias de vida, gozando de plena saúde.

Por não ter frequentado em momento algum a Universidade do Afeto, é ele, em contrapartida, diplomado na formidável Faculdade da Maledicência, a confirmar que a sua fachada tem aparência de catedral, mas os seus fundos são de bordel. Dissimulador, recalcado, o ingrato deveria aprender que certas qualidades não se encontram na superfície do ser humano, e sim no seu interior. Daí, ruminar, a cada passo, a sua descontrolada inveja, que acaba por desaguar no que ele é: um monumental cultor da ingratidão.

Esse tipo de ser humano será sempre um pioneiro do nada, um desbravador do inútil, uma vez que, por ser próprio dele o aval da omissão, é um amedrontado de ser um dia levado ao cadafalso da opinião pública.

Por isso mesmo, aos jovens que desejam enveredar pelo caminho da seriedade política e me procuram para uma orientação, tenho alertado que tenham em mente que não devem esperar reconhecimento total dos seus contemporâneos, quando muito, poderão merecer a benevolência dos seus pósteros.

É que a ingratidão sempre estará à espreita.

* * *

"A CRUZ DA ESTRADA"

Estive na primeira quinzena deste mês nos Estados Unidos, principalmente em Nova Iorque, cidade pela qual Zuleide e eu temos uma especial estima. Como de hábito, visitamos os nossos pontos preferidos e comprovamos, ainda esta vez, que essa cidade possui uma espécie de fascínio sobre o seu visitante.

As lojas mais conhecidas – e também as não tão importantes –, exibindo cartazes de ampla liquidação nos seus estoques, com descontos de 70% e até 80%, motivam um entra e sai de pessoas das mais diversas nacionalidades. Os brasileiros – talvez pela atualidade do câmbio favorável – são encontrados em toda a parte – nos departamentos, restaurantes, outlets (pontas de estoque), teatros, cinemas, naquele alarido que é tipicamente nosso.

A famosa Times Square, hoje mais humanizada – com bancos que são utilizados pelos transeuntes e trechos proibidos à circulação de veículos –, está apinhada de gente: idosos, moços, crianças e até carrinhos de bebê, o que me trouxe à lembrança a primeira visita que a ela fizemos nos idos de 1959. Phellipe Daou, amigo/irmão, e José Carlos Cordeiro da Costa, outro irmão de saudosa memória, os três, como bons caipiras vindo do longínquo Amazonas, nos extasiamos com o colorido intenso dos anúncios luminosos. A Broadway era uma festa para nós. O Rockfeller Center, o Central Park, o Radio City Music Hall, o "Tavern on the Green", tudo ali aos nossos olhos. Muitos reclamam que Nova Iorque não é mais aquela de outrora, abatida que se encontra por uma forte inflação que tomou conta dos Estados Unidos, inclusive com muitos anúncios de imóveis para alugar, outros anunciando o encerramento dos seus negócios. Todavia, um acontecimento que jamais sofreu mudanças: a liberdade que esse país sempre soube cultuar.

Por isso mesmo, aos poucos me dei conta de que eu era aquele caminheiro do inesquecível Castro Alves, que, ao passar pela estrada em direção ao sertão, se depara com uma cruz abandonada, mas a deixa em paz para dormir na solidão. Não é outra a advertência do poeta em seu "A cruz da estrada": "É de um escravo humilde sepultura / (...) Não precisa de ti / (...) Quando, à noite, o silêncio habita as matas, / A sepultura fala a sós com Deus / (...) Caminheiro! Do escravo desgraçado // O sono agora mesmo começou! Não lhe toques no leito de noivado, / Há pouco a liberdade o desposou."

Falar em liberdade é soletrar, com humilde respeito, o nome do brasileiro Antonio de Castro Alves.

* * *

DIA MUNDIAL DA ÁGUA

No último dia 22 deste mês, prestes a findar, comemorou-se o Dia Mundial da Água. E é em homenagem à data que relembro que até não muito tempo atrás, cada vez que um povo via escassearem os recursos do local onde habitava, mudava-se para outra região, o que permitia ao ecossistema do sítio abandonado o reequilíbrio. Mesmo nas grandes aglomerações surgidas nos séculos mais recentes, a densidade demográfica ainda não gerava problemas de poluição ou degradação ambiental que preocupassem gravemente os povos, se bem que as nações culturalmente mais desenvolvidas já começassem a tomar suas precauções sobre o tema.

Assim é que, na França do século XVI, o reflorestamento era uma preocupação, pois a devastação das matas nativas começava a fazer rarear a caça.

No mesmo período, nascia a primeira norma legal de gestão de recursos naturais aplicável no Brasil: as Ordenações Filipinas. Tratava-se de conjunto de leis decorrentes das decisões do rei Filipe, da Espanha, quando Portugal estava sob domínio espanhol. Entre outros assuntos, aquela legislação – refletindo a escassez de água vigente na Península Ibérica – continha dispositivos específicos sobre gestão da água e previa penalidades severas para os que a degradassem, bem como definia critérios para lançamento de dejetos. Como curiosidade, vale lembrar que as sanções previam, para aquele que conspurcasse as águas públicas, até mesmo o degredo para a África. Apesar de vigorar por todo o período colonial, a legislação nunca foi cumprida entre nós.

É meu convencimento de que só se dará a preservação da biodiversidade do nosso planeta quando o mundo entender que a mãe de toda a vida na Terra é a água. Dela surgiu a vida! Dela a vida se nutre! Dela o homem retira a maior parte de sua essência – somos cerca de 60% água! Portanto, sem água não haverá mais vida no planeta Terra.

Em função desse convencimento e por ser a nossa região – a Amazônia – detentora da maior bacia hidrográfica do mundo, é confortador comprovar que a humanidade passou a considerar a água não como um produto comercial qualquer e sim, de forma induvidosa, como integrante do patrimônio brasileiro.

Ainda bem!

* * *

ALENCAR – O BRAVO!

O início desta semana foi de imenso consternamento. O noticiário da morte de José Alencar Gomes da Silva, ex-vice presidente da República, ocupou todos os órgãos da imprensa. Menino pobre (estudou em colégio de taipa), mais tarde empresário bem-sucedido, exemplo de empreendedorismo, que conheci e com quem convivi pessoalmente ao longo de quatro anos ininterruptos no Senado Federal. Jamais o vi alardeando a sua fortuna, os seus bens materiais, ao contrário, a humildade era a sua característica e o seu bom humor o lema pessoal.

Quando me despedi do Senado Federal – ao término do meu mandato, lá se vão mais de nove anos –, o seu aparte ao meu discurso – ele já eleito vice-presidente da República – é confirmador da sua grandeza pessoal. Transcrevo-o apenas como ilustração do que era ele e não por vaidade pessoal – que não a tenho em demasia. Ei-lo.

Eminente Senador Bernardo Cabral, todos nós – eu sinto – estamos hoje compartilhando esta sessão em que V. Ex.ª ouve e participa de todas estas manifestações que lhe são devidas. A Ilhaneza, a própria hospitalidade, a diplomacia são características da sua personalidade admirável, como um dos parlamentares de que todos nós mais nos orgulhamos. V. Ex.ª, lembro-me bem, como relator da Constituinte, nos recebia – naquele tempo, nós pela Federação das Indústrias e às vezes pela Confederação Nacional da Indústria – para discutir determinadas questões ligadas à nova Constituição que nascia. Desde aquela época, V. Ex.ª nos conquistou a todos pelo seu espírito público arraigado, pela capacidade com que V. Ex.ª nos convencia e, às vezes, até concordava com algumas posições que trazíamos. Aquilo tudo fez crescer no coração de cada um de nós o sentimento de respeito e de admiração pelo trabalho admirável que V. Ex.ª trouxe ao Parlamento nacional. Devo dizer, eminente senador Bernardo Cabral, que também estou me despedindo do Senado Federal. Aprendi muito nesta Casa. Aprendi sempre política elevada, especialmente quando ouvia os pronunciamentos de V. Ex.ª. Então, por tudo isso, e mais pelo apreço que todos nós devemos a V. Ex.ª, como pessoa humana, é que queremos que V. Ex.ª continue prestando relevantes serviços, como foram todos os serviços que V. Ex.ª prestou ao nosso país. Continue disponível, prestando relevantes serviços ao Brasil, porque o Brasil não pode se despedir de V. Ex.ª."

Esse era José Alencar, o cidadão que não tinha medo da morte... e sim da desonra.

* * *

MINICONSTITUINTE OU NOVO PACTO CONSTITUINTE

Já há numerosas declarações sobre a convocação de uma Constituinte restrita, ou miniconstituinte, às quais – com o respeito que os seus defensores merecem – é necessário, senão indispensável, fazer algumas oposições. Qual a semelhança entre o Brasil de hoje e o de 1964? Vamos retroagir um pouco no tempo.

No primeiro semestre de 1964, sob os impulsos de um movimento popular, fruto ou não de equívoco, as Forças Armadas, com o apoio, manipulado ou não, de significativa parcela da classe política (parlamentares, governadores e prefeitos), destituíram o presidente da República e operaram lesões na ordem político-institucional vigente, através dos chamados atos institucionais.

Após um período de convivência da Constituição de 1946 com os atos institucionais, o Congresso Nacional foi chamado a institucionalizar o quadro jurídico resultante, através da elaboração da nova Constituição, que foi promulgada a 24 de janeiro de 1967 e entrou em vigor a 15 de março do mesmo ano.

Durou pouco e, no curto espaço de tempo de sua vigência, ouviram-se as primeiras vozes em favor da convocação de uma Assembleia Nacional Constituinte, ideia que, informalmente, foi defendida, desde abril de 1964, pelo saudoso senador pela Bahia Aluísio de Carvalho Filho. A ideia não prosperou, uma vez que a 13 de dezembro de 1968 o estamento militar impôs ao presidente da República a edição do Ato Institucional de nº 5, que promoveu a completa ruptura político-institucional.

Eis aí o motivo forte de então para a convocação da Assembleia Nacional Constituinte: a completa ruptura político-institucional. E dela decorreram todos as ações políticas que tiveram curso no país. Como pois, no momento atual, alguém pode negar a existência de um tempo excepcional de liberdade e da plenitude do Estado de Direito?

É o que me leva a adotar opinião contrária ao chamado novo pacto constituinte.

Ademais, a doutrina consiste em ver a Constituição como lei fundamental, em que se resguardam, acima e à margem das lutas de grupos e tendências, alguns poucos princípios básicos, que uma vez incorporados ao seu texto se tornam indiscutíveis e insuscetíveis de novo acordo e nova decisão. Como não é todos os dias que uma comunidade política adota um novo sistema constitucional ou assume um novo destino, cumpre extrair da Constituição tudo o que permite a sua virtualidade, em vez de, a todo instante, modificar-lhe o texto, a reboque de interesses meramente circunstanciais.

* * *

PROFESSOR BLANCO

I

Venho acompanhando, país afora, o drama que atravessam os professores ao serem desrespeitados por seus alunos, ora com insultos, ora até com agressões físicas. Por igual, a recente terrível chacina cometida contra jovens estudantes indefesos, dentro das próprias salas de aula, ocorrida no Rio de Janeiro.

Tudo isso me vem à mente destravando o trinco da memória – a meninice, um tanto esmaecida, a juventude que vai longe, acompanhadas de uma infinita saudade, espécie de avalista de um tempo que não volta mais.

Dessa época emerge a figura de um professor que jamais sofreu qualquer embotamento. Seu nome: Vicente de Souza Blanco, diretor e proprietário da Escola Acadêmica.

Situada na rua Miranda Leão (do lado esquerdo, em direção à igreja), bem próximo da faculdade de Direito, começava o seu funcionamento para as classes que compunham o currículo do preliminar ao curso de admissão e ao secundário exatamente às 8 horas em ponto, com o seu término, ainda pela manhã, rigorosamente às 11horas. O turno vespertino ia das 14 horas às 16 horas.

Fui seu aluno, no turno matutino, de 1940 a 1943, quando me submeti ao então exame de admissão ao hoje Colégio Estadual do Amazonas, no qual permaneci durante todos os sete anos, de 1943 a 1949, dali saindo para o curso de Direito.

Curiosamente, os alunos que o professor Vicente Blanco preparava para esse exame, todos, sem exceção, eram aprovados, geralmente nas primeiras classificações.

O professor Blanco era amazonense de nascimento, filho de pai espanhol e mãe brasileira, compondo o tipo mais para o lado mestiço, oriundo naturalmente de sua genitora, olhos amendoados que lhe davam a aparência de um caboclo amazonense não fosse a sua compleição física um tanto avantajada. O que, aliás, motivou que nós o chamássemos, carinhosamente, de professor Vicentão.

* * *

II

Jovem ainda, foi ele estudar em Coimbra, onde concluiu o seu curso na famosa faculdade de Letras. Aos alunos que naquele tempo se destacavam nas línguas vivas, os mais bem classificados eram enviados ao país do idioma que estavam aprendendo, permanecendo o ano inteiro. O que lhe valeu, nos três idiomas que compunham a grade curricular da universidade que cursava – francês, inglês e alemão –, ter permanecido um ano na França, outro na Inglaterra e o final na Alemanha.

De Portugal voltou trazendo a sua esposa, dona Sara, uma portuguesa que o influenciou a manter no seu colégio, das 20 às 22 horas, um curso de alfabetização de adultos, frequentado, na sua quase totalidade, por emigrantes portugueses, os quais, àquela época, chegavam ao Brasil mal alfabetizados. O que é digno de colocar em relevo é que esse curso tinha um tal grau de idealismo que comentava-se, o professor Blanco não cogitava receber de seus integrantes qualquer correspondência financeira.

Exigente consigo próprio, cabia-lhe o direito de exigir dos seus discípulos o máximo de aproveitamento, dada a sua incrível capacidade de transmitir os seus notáveis conhecimentos. Tanto isso ecoava em toda parte que os alunos que conseguiram concluir seu exigente curso primário davam testemunho mais tarde.

Sua casa, de estilo colonial, com imenso quintal, permitia que ele desse asas à sua paixão pelos animais: araras, papagaios, pássaros de diversas qualidades, macacos, cachorros, gatos transitavam como se estivessem no seu habitat natural. E a todos os seres humanos proibia ele que fosse feita qualquer manifestação hostil aos animais.

Como não podia deixar de ser, também tinha o seu lado negativo. E era com a própria saúde. Fumante inveterado, o vício do fumo abalou-lhe a saúde, já comprometida pela vida sedentária que levava e sem o respeito merecido às recomendações médicas.

A conselho do seu médico particular, viajou para Belém, onde passou os últimos anos de sua vida.

Deploro, profundamente, não ter ele vivido o suficiente para ver o quanto fez por nós, seus alunos. No entanto, o seu nome ficará tombado, sentimentalmente, no patrimônio da nossa gratidão.

* * *

DOIS ENSINAMENTOS E UMA PROFESSORA

Ao final de uma palestra que proferi recentemente para desembargadores, juízes, advogados, universitários de Direito, sob os auspícios da OAB – secional de Campos, RJ, conclui com a frase *Honny soit qui mal y pense*, a mim ensinada quando cursava a 2ª série do Colégio Estadual do Amazonas, pela professora de francês Magnólia de Ramalho Nery, a quem chamávamos carinhosamente de professora Magui.

Com formação acadêmica no exterior, sobretudo na França – filha do governador Ramalho Júnior, sob cuja gestão se edificou o majestoso edifício do Tribunal de Justiça, na avenida Eduardo Ribeiro – e, mais tarde, esposa do interventor Júlio Nery, ela nos ensinava, a um reduzido número de alunos, também na sua modesta residência, na rua Rui Barbosa, bem ao lado do colégio estadual.

Ela conseguia transmitir com uma paciência notável os seus ensinamentos. E a ela devo, entre tantas outras, as duas máximas que ora transcrevo, imaginando que possa ser útil à curiosidade de algum estudante, como parece ter servido aos universitários que me ouviram naquela ocasião.

A primeira delas – *Honny soit qui mal y pense* – teria sido originada, segundo a lenda, quando a condessa de Salisbury, de nome Joana, durante um baile, perdeu uma de suas ligas. Nesse instante, presente à festa, o rei Eduardo III, da Inglaterra, apanhou-a e, ato contínuo, colocou-a na sua própria perna, e pronunciando a frase, cujo significado, como ressaltara a professora Magui, em francês, era: "Envergonhe-se quem disto pensar mal." O rei, com seu gesto, justificava a sua elegância de cavalheiro, e, para completá-la, instituiu a entre nós conhecida *Ordem da Jarreteira*. Apesar da divisa em francês e atribuída a um rei da Inglaterra, a explicação é que Eduardo III era plantageneta, ou seja, um membro da casa real fundada por Godofredo, conde de Anjou, cuja esposa era filha de um dos reis da Inglaterra. E, por esse motivo, os membros dessa dinastia angevina falavam o francês usualmente na corte. Daí, a divisa da nação inglesa – e este mais um ensinamento da professora Magui – ser composta das palavras francesas *Dieu et mon droit*. É importante que as nossas professoras sejam sempre lembradas.

* * *

A EXTRADIÇÃO DE BATTISTI

Como foi noticiado amplamente, no último dia de dezembro de 2010 o então presidente da República, Luiz Inácio Lula da Silva, negou o pedido de extradição do italiano Cesari Battisti, com base em parecer da Consultoria-Geral da União, contrapondo-se à decisão do Supremo Tribunal Federal que a autorizava.

O assunto continua no Supremo, em virtude da Reclamação da Itália interposta contra a atitude presidencial, reclamação essa que já recebeu parecer do procurador-geral da República pelo não conhecimento da ação. O ministro Gilmar Mendes é o relator da Reclamação.

Até o instante em que redijo esta crônica (quinta-feira, dia 26), desconheço se haverá resultado do julgamento nas próximas horas. E o que me leva a abordar este assunto não é o exame da atuação dos advogados envolvidos no desate da questão – até porque reconhecidamente experientes – e muito menos as decisões individuais tomadas pelos ministros do Supremo Tribunal Federal.

A ideia é fazer referência ao processo de extradição nº 1085, requerido pela República Italiana e que "não foi efetivada pelo descumprimento de dispositivos do tratado de Extradição Brasil-Itália".

A corrente favorável à extradição do italiano Battisti entende que, levando em conta esse tratado e tendo como base a Constituição Federal de 1988 (art. 102, 1, alínea g, combinado com o art. 83, da Lei 6.185 de 1980 – Estatuto dos Estrangeiros), é o Supremo quem decide a respeito dos pedidos de extradição, e se este pedido foi negado por despacho do presidente da República, ter-se-á um ilícito internacional. E mais: a violação de um tratado internacional.

Já a corrente contrária argumenta que o Tratado de Extradição Brasil-Itália, em seu artigo III, disciplina os casos de recusa, mormente na alínea f, ao dispor: "se a parte requerida tiver razões ponderáveis para supor que a pessoa reclamada será submetida a atos de perseguição e discriminação por motivo de raça, religião, sexo, nacionalidade, língua, opinião pública, condição social ou pessoal; ou que a sua situação possa ser agravada por um dos elementos antes mencionados."

Só nos resta aguardar a manifestação do STF.

* * *

WALDEMAR PEDROSA

I

É muito difícil, quase impossível, em espaço tão reduzido, escrever algo em derredor da estatura de um homem tão imenso, tanto pelas suas qualidades morais como intelectuais e políticas.

Amazonense de Manaus, onde nasceu a 29 de março de 1888, com ele convivi, bem de perto, logo após a minha graduação em Direito, já como faculdade federalizada, em que, aliás, pontificou como professor catedrático de Direito Penal.

Era um *causer* como poucos, mente privilegiada, capaz de encantar qualquer reunião na qual tomasse parte, tornando-se, de imediato, figura principal. Orador brilhante, era sempre ouvido em reverente silêncio, narrando a sua experiência como professor, advogado e senador da República.

Os jovens advogados da atualidade talvez desconheçam que a ele se deve a criação, instalação e funcionamento da seção do Amazonas da Ordem dos Advogados do Brasil, da qual foi o seu primeiro presidente, cabendo ressaltar que foi ele considerado um dos mais notáveis advogados do seu tempo.

Como professor catedrático de francês, sua tese *Une recherche philologique*, alcançou os maiores encômios dentro e fora do país. Conta-se que, por escrever e falar fluentemente o idioma de Racine, integrou a Delegação do Brasil como único representante do Senado junto à ONU – àquela altura em Paris, no velho *Palais Chaillot*, e por conhecer profundamente o Direito Natural, brilhou intensamente. A tal ponto que acabou corrigindo a tradutora por empregar, equivocadamente, a negativa pas, e que os jornais franceses noticiaram com o título: "Senador brasileiro ensina francês à intérprete."

Curiosamente, aquele jovem que concluíra o seu curso de Direito na faculdade da Universidade Federal do Rio de Janeiro, mal saído da casa dos 20 anos, não quis se fixar na então capital federal. Regressou à sua terra e foi galgando os postos de destaque. Oficial de gabinete do governador, depois procurador fiscal e, mais de uma vez, interventor do estado, na ausência do titular, quando granjeou o respeito dos seus concidadãos pela bravura, honestidade e caráter sem mácula.

* * *

II

Autor de várias obras, entre as quais *A anterioridade da lei*; *A socialização do Direito*; *A extinção dos mandatos legislativos em face da Constituição!*; e *O Brasil na Comissão da Tutela da ONU*, que lhe valeu rasgados elogios pelo seu corajoso desempenho na extinção das tutelas que afligiam os países escravizados, notadamente na África.

Membro efetivo e de realce na Academia Amazonense de Letras, seus trabalhos literários enriquecem os vários números da revista do sodalício, confirmando o seu imenso edifício cultural.

Casado com a saudosa dona Isa, o casal teve cinco filhos: Waldisa, Nisard, Walder, Osmar e Hermelinda – com os quais convivi bem de perto –, estando em nosso meio apenas a querida amiga Hermelinda.

Devo a ele algumas profecias – que se concretizaram – em derredor do meu futuro político, quando, pela minha cabeça, era o que jamais pensara. E o início – corria o ano de 1958 – ocorreu com o convite que lhe formulou o então governador Plínio Coelho para que aceitasse a Secretaria do Interior e Justiça, àquela altura tendo como subordinados hierárquicos a Chefia de Polícia e o Comando da Polícia Militar do estado.

Curiosamente, ao declinar do convite governamental, indicou o meu nome como capaz para a missão, recebendo do governador a ponderação de que eu era muito jovem (26 anos) para tamanha responsabilidade. O fato é que acabou convencendo-o. Mais tarde previu que eu seria deputado estadual, deputado federal (publicou uma Carta Aberta na imprensa recomendando a minha eleição) e senador da República, para termos – como ressaltava – os nossos retratos no quadro dos presidentes da Comissão de Constituição e Justiça. O que se tornou realidade.

Este ilustre conterrâneo, que desempenhou os cargos de maior relevo no estado e que foi o primeiro amazonense a integrar um Tribunal Superior, na qualidade de ministro do Tribunal Superior do Trabalho, terminou os seus dias (faleceu no dia 14 de junho de 1967) morando na casa que alugara na rua 10 de Julho, eis que vivia honradamente da sua aposentadoria.

Waldemar Pedrosa não amealhou fortuna – não era do seu temperamento. Mas o seu desempenho fez com que, mais do que um exemplo, ele se tornasse verdadeiro modelo de homem público.

* * *

INCENTIVOS FISCAIS

Incentivo fiscal é um instrumento público da ação do Estado que se destina a induzir comportamentos na cadeia produtiva da economia. Nem sempre o Estado tem condições operacionais práticas para suprir, em todos os campos de atividade e em todos os recantos do país, as necessidades de infraestrutura, de geração de emprego, de oferta de educação e de atendimento à saúde. Para compensar suas eventuais dificuldades sem faltar com suas obrigações, recorre a diversos instrumentos de fomento. Um deles é o incentivo fiscal. Com esse recurso, o Estado deixa de arrecadar impostos e contribuições que, por força da Constituição e das leis, lhe são devidos.

Por definição, o produto da arrecadação tributária, o resultado dos impostos que são pagos, destina-se a fazer funcionar o aparelho do Estado em benefício da sociedade. E com isso permite o incentivo ao crescimento econômico e à criação de postos de trabalho.

Justamente quando esse funcionamento não pode ser tão completo, por motivos de afastamento geográfico, de topografia inóspita, de entraves à comunicação, de transportes deficientes, em particular num país de dimensões continentais como o Brasil, o Estado resolve renunciar ao que lhe é devido, setorialmente, para permitir que a atividade econômica localizada, desonerada parcialmente da carga fiscal, possa contribuir, com seu dinamismo e com sua produtividade, para atendimento da população.

É certo que a mera redução ou mesmo isenção deste ou daquele imposto não basta. Mas o benefício fiscal para a atividade econômica, como para a de assistência social filantrópica, por exemplo, contribui para flexibilizar e aliviar o custo do processo produtivo, dando margem para os agentes econômicos operarem a expansão dos negócios e, por via de consequência, do emprego, do consumo, do progresso, do bem-estar. Isso porque a atividade econômica fomentada acaba por dar em dobro – e mesmo mais – o que recebeu!

Pode-se dar um exemplo interessante desse efeito multiplicador – e não redutor – do incentivo fiscal: a Zona Franca de Manaus e seu papel como fator de desenvolvimento econômico e social da capital do estado do Amazonas e de benefício tecnológico e financeiro de todo o Brasil. Com incidência diminuta do PIB, em volume de renúncia fiscal, a Zona Franca vem movimentando, em seu parque industrial, um somatório alto em bilhões de dólares. E não é exagero afirmar que esse valor supera o PIB do Uruguai e é o dobro do PIB paraguaio. Ainda há brasileiros (sic) que nutrem por ela uma antipatia inexplicável.

* * *

O PESCADOR E O PESQUISADOR

Meu saudoso pai, proprietário de uma fazendola no município do Careiro, gostava de contar uma estória ocorrida no início de 1950, quando ainda não existia energia elétrica na região e o noticiário só era conhecido por quem possuía rádio que funcionasse a bateria, tipo a de automóvel.

Narrava ele a vinda de uma comitiva cultural que percorria o interior do Amazonas com o objetivo de avaliar os conhecimentos dos ribeirinhos. Em determinado dia, os seus integrantes – chefiados por um cidadão arrogante – chegaram a uma humilde choupana, coberta de palha, com uma diminuta canoa à sua frente, e o seu morador recostado numa rede de dormir.

O que se intitulava chefe indagou a ele se era pescador, obtendo resposta afirmativa. Ato contínuo, esclareceu que estava por aquelas bandas pesquisando os conhecimentos dos seus moradores, pelo que faria três perguntas. A primeira delas se ele sabia o nome do ministro da Fazenda.

– Sei não, senhor – respondeu todo humilde o pescador.

Ao ouvir a resposta à segunda pergunta de que também não sabia o nome do ministro da Guerra, exclamou a autoridade:

– Mas você é ignorante, meu caro.

Para encerrar a entrevista, fez a terceira pergunta. E o nome do ministro da Marinha? Aí é que a resposta foi muito mais humilde:

– Desculpe, senhor, mas não sei mesmo.

O pesquisador não se conteve e do alto da sua arrogância explodiu:

– Você é muito ignorante, demasiado ignorante.

A comitiva se preparava para retirar-se quando o pescador, com todas as reverências, dirigiu-se ao chefão e pediu-lhe, com humildade:

– O senhor me dá licença de fazer também três perguntas?

– Sim – respondeu-lhe, mais do que presunçoso.

A primeira é se o senhor sabe o que é curimatã?

– Não – foi a resposta cheia de deboche.

– E o que é matrinxã?

– Não e não – disse, com muita ironia.

– Agora a pergunta final: O senhor sabe o que é acari-bodó?

– Não, não e não – respondeu de forma a mais grosseira possível.

Ao que o humilde pescador, vendo que ele não conhecia nenhum dos três peixes amazônicos, sentenciou, de forma ferina:

– Pois é, dotô, cada um com a sua ignorância!

* * *

OS CAMINHOS DA NAÇÃO

Os que me dão a honra da sua leitura já notaram, de há muito, que evito fazer comentários sobre fatos políticos ou acontecimentos que deles se originem. É que, entre outros motivos, o principal – como já registrei anteriormente – é que o meu companheiro ao lado, o exemplar jornalista Júlio Antonio Lopes – também conceituado advogado –, é um incomparável analista, o que o torna respeitado formador de opinião. É, portanto, em homenagem a ele, que hoje me atrevo a ponderar que o país precisa, mais do que nunca, que se construa uma ponte de harmonia através do "rio" de desunião que começa a surgir em jornais, rádios, revistas e outras publicações, uma vez que essa situação emergente – observe-se o que se passa na Europa e no Oriente – não mais permite o fanatismo sectário, ou as provocações estéreis, ou a prepotência arbitrária.

O momento é o da crítica construtiva, da participação sem adesismo condenável, da contribuição não só em criatividade, mas em solidariedade, a fim de ajudar o Brasil a não cair no poço escuro da apatia, do medo, do desânimo e do descrédito.

Para tanto, não se pode deixar de ter em mente que para se efetuar a desejada mobilização da consciência político-social de um povo não basta apelar para o seu patriotismo ou mesmo para o seu interesse. Mas, sim – antes de qualquer providência –, formular um ideário de combate em que ele possa acreditar. E, a partir daí, convocar esse povo para que ele possa interpretar, por suas próprias convicções, aquilo em que crê.

É que a nação precisa continuar empenhada em reencontrar os caminhos de sua grandeza. E para isso se faz indispensável que as pessoas estejam todas voltadas para a sua reconstrução política, fincando raízes no subsolo da nossa nacionalidade, alcançando a sua estrutura econômica e política, pois um país só se mantém erguido nos braços da soberania de seu povo. E soberania não tem preço, por mais alto que seja o valor que por ela pretendam oferecer.

Impende colocar em relevo que nessa caminhada não há lugar para neutralidades ou acomodações convenientes.

* * *

O SIGILO OFICIAL

O governo andou tendo marchas e contramarchas pela aprovação do sigilo eterno de documentos ultrassecretos. A princípio, no projeto original era por tempo indefinido, sendo renovado a cada 25 anos.

Acontece que a Câmara dos Deputados aprovou que o público deve tomar conhecimento desses dados em, no máximo, cinquenta anos. Tal decisão motivou que a presidente da República acionasse a sua bancada de apoio no Senado para derrubá-la e manter o sigilo eterno, numa posição contrária ao que ela própria criticava à época em que chefiava a Casa Civil.

Após a repercussão negativa dessa atitude, o governo desistiu de brigar no Congresso e deu nova ordem: votar o projeto, com urgência, mantendo inclusive o texto aprovado pela Câmara. O recuo veio acompanhado de esclarecimentos de que o Executivo não iria formular questão fechada nem orientar mais qualquer votação, sobretudo com a ressalva: "O Legislativo tem autonomia para decidir."

Por oportuno recordo o episódio – se não me falha a memória, ocorrido há mais de cinquenta anos – em que o professor Marcelo Lamy, então presidente da Comissão Nacional de Energia Nuclear, recebeu, das mãos do adido científico da embaixada dos Estados Unidos no Brasil, uma biblioteca composta de 5 mil livros e revistas e 30 mil microfichas com informações consideradas segredo de Estado. Vale destacar: segredo de Estado.

Ora, pela legislação atual, os papéis considerados ultrassecretos são inacessíveis aos brasileiros por trinta anos – prazo esse renovável indefinidamente. A proposta aprovada na Câmara reduz esse prazo para 25 anos, mas só pode sofrer uma renovação por igual período. Ressalte-se: serão cinquenta anos, tempo suficiente para dar tranquilidade a eventuais temores ocorridos em administrações anteriores.

Aliás, o forte argumento usado é o conflito que poderia ser provocado em razão de documentos relacionados com a guerra do Paraguai, apesar de 141 anos decorridos desde essa época. É aí que esses defensores esquecem que nos acordos entre Estados vigora o instituto oriundo do Direito Romano: *pacta sum servanda*, que qualquer estudante de Direito tem conhecimento: os contratos devem sem cumpridos.

Entretanto, o que se quer, pela via oblíqua, é retirar do cidadão o direito de saber o que acontece – ou aconteceu – com a história do seu país. Até porque os governos passam, os fatos podem ter sido modificados ou escamoteados, mas um dia a História traz a verdade à tona. E ela é a testemunha que não morre.

* * *

PARA INGLÊS VER

A expressão remonta a 1810, época em que a Inglaterra ultimava um tratado comercial com o objetivo de transferir para o Brasil os privilégios de que a Grã-Bretanha desfrutava em Portugal, no qual não eram concedidos a brasileiros e portugueses quaisquer direitos de reciprocidade, a ponto de não poderem possuir bens ou adquirir a nacionalidade britânica, pela via da naturalização. Exceção, aliás, se fossem protestantes. Após idas e vindas, Dom João VI não resistiu às pressões e acabou por aprová-lo, apesar de circunstâncias difíceis de serem solucionadas. Uma delas, o tráfico de escravos. É que a Grã-Bretanha começava a pressionar o Brasil para banir, por inteiro, a exportação de escravos para as suas colônias. E dava como exemplo o que fizera em 1807, proibindo o tráfico nas colônias inglesas.

Todavia – estranho paradoxo – a Inglaterra explorara a escravidão durante mais de duzentos anos; somente a partir de 1833 é que foi ela abolida em seus territórios.

No entanto, bem antes, em 1826, os ingleses obrigaram o Brasil a firmar o tratado de abolição do tráfico, estipulando o prazo fatal de três anos. Essa atitude era impositiva porque, a essa altura, lideravam eles a compra da produção do nosso café, além de serem os maiores banqueiros do mundo. Isto é: concediam empréstimos e financiamentos aos nossos produtores, ficando o nosso país à mercê das suas conveniências econômicas.

Em razão disso, em 1831, o governo regencial – Dom Pedro II era menor de idade – cedeu às pressões da Inglaterra e promulgou, naquele ano, o diploma legal que proibia o tráfico negreiro e declarava livres os escravos desembarcados em portos brasileiros a partir daquela data.

Entretanto, o sentimento geral era o de que essa lei não seria cumprida, dando destaque a um comentário que circulava na corte, na Câmara dos Deputados e nas ruas, atribuído ao regente Feijó. E o comentário se transformou em realidade, uma vez que essa lei permaneceu morta por mais de vinte anos.

Daí o ditado: lei para inglês ver. E ficou ele tão popular que, na atualidade, quando alguém não acredita nas promessas do governo, exclama: *isso é para inglês ver!*

* * *

OS VIZINHOS E O GÊNIO

Eram vizinhos. Mas os dois não trocavam uma palavra. Sequer o cumprimento formal. Cultivavam ambos uma profunda antipatia, que beirava um ódio recíproco.

Certo dia, um deles, remexendo nos seus guardados, encontrou uma antiga lâmpada que, de imediato, trouxe à sua memória o conto de origem árabe conhecido como Aladim e a Lâmpada Maravilhosa.

Pelo conto, a lâmpada maravilhosa – espécie de lamparina que era usada, à época, para iluminação doméstica – era habitada por um gênio, o qual dispunha de poderes para realizar qualquer desejo, por mais impossível que fosse.

Olhou demoradamente a lâmpada. Concentrou-se. Começou a esfregá-la. Durante algum tempo, nada. Estava para desistir quando, na derradeira fricção, saltou um gênio da lâmpada.

Ficou atordoado. Ainda profundamente surpreso escutou a voz grave do gênio:

– Você me chamou. Com os meus poderes dou-lhe o direito de formular três desejos. Eu os atenderei, mas, de imediato, faço a advertência: o que me pedir será dado, em dobro, ao seu vizinho. E eu não poderei desfazê-lo nem voltar atrás. Pedido feito e ele será imediatamente consumado.

Não se importou com a advertência. E fez o primeiro pedido:

– Quero uma casa maravilhosa, com muitas suítes, sauna, churrasqueira, um belo jardim e completa aparelhagem de TV, som, vídeo e segurança total.

O gênio confirmou o atendimento e a duplicidade para o vizinho.

O segundo pedido foi em dinheiro.

– Quero cinco milhões de reais na minha conta bancária.

Realizado o segundo desejo, o gênio notou que ele não se importava com o benefício, em dobro, concedido ao seu odiado vizinho.

Querendo lembrá-lo dessa circunstância, advertiu-lhe o gênio:

– É hora do seu último pedido. Reflita bem, antes de consolidá-lo.

– Não preciso de tempo, senhor gênio. Quero que providencie a cegueira total de um dos meus dois olhos.

* * *

O PACTO AMAZÔNICO E O CALHA NORTE

I

É do conhecimento de todos os brasileiros as investidas que sempre foram feitas – às vezes, até de forma explícita – contra o nosso território amazônico. Em contrapartida a elas, somente em 1978 os países da região decidiram reagir.

Nesse ano, no dia 3 de julho, foi firmado entre Brasil, Bolívia, Colômbia, Equador, Guiana, Peru, Suriname e Venezuela o Tratado Inter-regional de Cooperação Econômico-Social, ou, mais simplesmente, Pacto Amazônico. Nos seus 28 artigos, estão claros os cinco princípios fundamentais que o regem: a competência exclusiva dos países da região no desenvolvimento e proteção da Amazônia; a soberania nacional de uso e preservação dos recursos naturais da área; a cooperação regional como modo de facilitar a realização desses objetivos; a harmonia entre o desenvolvimento econômico e a proteção ecológica; e a absoluta igualdade entre todos os parceiros.

Almeja-se, fundamentalmente, com esse tratado promover o desenvolvimento socioeconômico da região e preservar o meio ambiente, as grandes justificativas de que se valem os países estrangeiros para quererem aí intervir. No entanto, a despeito de todas essas boas propostas, o Pacto ainda não atingiu o seu ponto alto, porque os países vizinhos temem que o Brasil, como seu idealizador, exerça uma hegemonia na região, de vez que o seu comércio pelo Pacífico receberia um grande incremento. Esquecem-se de avaliar que, com o seu funcionamento efetivo, abrir-se-iam a todos as portas e as rotas do Pacífico e do Atlântico.

É lamentável porque esse Pacto é a iniciativa mais séria e abrangente de preservação e desenvolvimento da região, implementada pelos mesmos países que a compõem. Prevê ele ações conjuntas, troca de informações, reciprocidade, programas globais, projetos, salvaguardas e acordos, sempre com base no respeito à soberania dos Estados-partes. Assegura-se a estes a mais ampla liberdade de navegação comercial do curso do Amazonas e demais rios amazônicos internacionais. No setor de transportes e comunicações, prevê-se a criação de infraestrutura física adequada, com vistas ao aperfeiçoamento das interconexões rodoviárias, de transportes fluviais, aéreos e de telecomunicações.

* * *

II

Um de seus pontos fundamentais e prioritários é a pesquisa voltada para a manutenção do equilíbrio ecológico da região, através do planejamento, aproveitamento e preservação da flora e da fauna de cada lugar. O intercâmbio de informações e pessoal técnico entre cada país seria a garantia da consecução desse objetivo.

A intenção do Brasil, ao propor o tratado, era a criação futura de um comércio multilateral entre os países da região, a qual fatalmente desaguaria em um Mercado Comum Amazônico, com benefícios múltiplos para todas as partes, repetindo, na prática, ao Norte aquilo que já é realidade com os vizinhos do Sul, com o Mercosul.

A demora do Pacto Amazônico levou o governo brasileiro a criar, em meados da década de 1980, o Projeto Calha Norte, com a finalidade precípua de resguardar a soberania nacional na região. Na sua elaboração, considerou-se fundamentalmente a extensa fronteira terrestre do país; a baixa densidade demográfica da região; a instabilidade interna dos países vizinhos; um subsolo rico em recursos minerais, mais de difícil exploração e comercialização; extrema dificuldade para operações militares; trânsito ilegal de estrangeiros; tráfico de drogas; evasão de riquezas; reservas indígenas; e preservação ecológica.

As principais ações aí previstas são: o incremento das relações bilaterais entre os países da área (veja-se que não se fala mais em relações multilaterais, como no Pacto Amazônico); o aumento da presença militar brasileira na região; a recuperação dos marcos limítrofes do país; e a definição de uma política indigenista apropriada, tendo em vista a faixa de fronteira.

Como se vê, o Projeto Calha Norte obedece aos ditames do desenvolvimento, da segurança, da defesa territorial e da preservação do meio ambiente, sendo de se lamentar a falta de recursos.

A preocupação com a segurança é muito pertinente, pois a própria História mostra que um país só é verdadeiramente soberano quando é capaz de se proteger e de defender o seu território.

Infelizmente, ao que estou informado, um e outro estão paralisados por motivos os mais diversos, ocasionando, assim, a perda do incremento das relações multilaterais e bilaterais. O que é uma pena.

* * *

COPA DO MUNDO: COMPANHIAS AÉREAS

Venho acompanhando o noticiário sobre os aeroportos brasileiros, as companhias aéreas nacionais e os serviços aeroportuários que serão levados a efeito para o êxito da Copa do Mundo de 2014.

Isso me traz à lembrança o final dos anos 1990, momento em que se afirmava que, ao cabo de dez ou quinze anos, o transporte aéreo internacional estaria reduzido a dez empresas aéreas gigantes, sendo quatro americanas, três europeias e três asiáticas.

Decorridos dez anos daqueles prognósticos é de se perguntar se a sombria visão se confirmou. Parece que sim, se levarmos em conta os dados de algumas empresas aéreas do cenário mundial, fornecidos pela World Airline Report 2007.

- DELTA – US$ 31,6 bilhões de faturamento e 126 milhões de passageiros / ano.
- AMERICAN AIRLINE GROUP – US$ 24 bilhões de faturamento e 116 bilhões de passageiros / ano.
- UNITED AIRLINES – US$ 20 bilhões de faturamento e 68 milhões de passageiros / ano.
- SOUTH WEST – US$ 10 bilhões de faturamento e 101 milhões de passageiros / ano.

Façamos uma ligeira comparação com as chamadas gigantes brasileiras e ver-se-á que estamos, infelizmente, em situação bem modesta.

- TAM – US$ 4,6 bilhões de faturamento e 28 milhões de passageiros / ano.

– GOL – US$ 2,8 bilhões de faturamento e 23 milhões de passageiros / ano.

Além disso, se considerarmos o tráfego aéreo entre o Brasil e os EUA, veremos que o faturamento e o número de passageiros / ano transportados pela TAM e pelas quatro americanas são de uma desproporção imensamente maior.

TAM – US$ 4,6 bilhões

AMERICANAS – US$ 89,6 bilhões (19,5 vezes)

TAM – 28 milhões de passageiros / ano

AMERICANAS – 361 milhões de passageiros (12,8 vezes)

Essas observações indicam uma grande preocupação com a sobrevivência das empresas aéreas brasileiras que concorrem no plano internacional, sobretudo nas rotas do Hemisfério Norte. É que lá estão instaladas as empresas de maior porte. Daí algumas correntes defenderem a criação de uma empresa aérea fruto da junção das empresas LAN, do Chile e TAM, do Brasil, com a finalidade de quebrar a hegemonia do Hemisfério Norte. E, ao que parece, com um nome sem muita ênfase: LATAM. Será?

* * *

A OAB E O EXAME DA ORDEM

I

A corrente que combate o exame da Ordem se apoia no argumento de que ele só alcança aspectos da formação jurídica, não avalia os cursos, e que é insensato a exigência de inscrever-se nos quadros da Ordem dos Advogados porque é ela de natureza de associação de classe, o que permite aos advogados filiar-se e desfiliar-se quando bem entenderem, sem perder o direito de exercer a profissão de advogados.

É profundamente entristecedor verificar que tal argumento é desprovido do mínimo conhecimento histórico acerca da profissão e da Ordem dos Advogados do Brasil.

A origem da profissão vem de longe, já que seu exercício "como defesa de pessoas, direitos, bens e interesses, surgiu em 3 mil anos a. C., na Suméria", passando pelo Código de Manu (século II a.C. a século II d.C.), bem como no Antigo Testamento. Chegou à Grécia e Roma, no Império anterior a Justiniano, sendo constituída no século VI a "primeira Ordem de Advogados do Império Romano do Oriente, impondo condições ao exercício dessa atividade".

Em Portugal a sua origem data do reinado de Afonso V, em 1446, mas só alcançou o objetivo da sua organização com as Ordenações Filipinas, em 1603.

No Brasil, no dia 7 de agosto de 1843, foi fundado o Instituto dos Advogados Brasileiros, célula-mater da criação da OAB, quase um século depois. Assim é que a regulamentação da OAB ocorreu com os Decretos 20.784, de 14 de dezembro de 1931, e 20.478, de 20 de fevereiro de 1933, mas a solução do problema da reputação da advocacia só aconteceu em 1963, quando a Lei 4.215, de 27 de abril desse ano, deliberou sobre o estágio profissional e o exame da Ordem.

Atualmente, a Lei 8.906, de 04/07/1994 – que trata do Estatuto da Advocacia e da Ordem dos Advogados do Brasil, estabelece no artigo 3º que a advocacia é uma atividade privativa dos inscritos nos quadros da entidade e no artigo 8º, IV, que a aprovação no exame da Ordem é requisito para essa inscrição.

Ora, arguir-se que o exame da Ordem é inconstitucional é fazer tábula rasa da sua compatibilidade com o princípio de liberdade profissional estabelecido no artigo 5º, XIII, da Constituição Federal: "É livre o exercício de qualquer trabalho, ofício ou profissão, atendidas as qualificações profissionais que a lei estabelecer."

* * *

II

Vale acentuar: o artigo 22, XVI, da Constituição Federal estabelece ser competência privativa da União legislar sobre condições para o exercício de profissões, delegando tal competência à Ordem dos Advogados do Brasil, por intermédio do seu estatuto, consubstanciado na Lei 8.906/94, acima citado, e das respectivos artigos 3º e 8º, IV.

A grande verdade é que o exame da Ordem foi e continua sendo o grande batalhador em busca da melhoria do ensino jurídico, o qual vem sendo deformado com a proliferação de faculdades sem a menor estrutura e sem condições de formar bacharéis em Direito.

Ainda não está longe a guerra travada pela OAB contra os cursos de Direito ministrados pelas chamadas Faculdades de Fim de Semana, que catapultavam bacharéis que redigiam pessimamente e postulavam pior.

Por essa razão, é indispensável que seja feita uma rigorosa seleção entre os concludentes dessas faculdades, que na maioria não preparam os seus alunos para os exames da Ordem e, consequentemente, para as profissões jurídicas.

As faculdades despreparadas veiculam a maldosa frase de que OAB, ao reprovar um número tão grande de candidatos, deseja, tão somente, fazer reserva de mercado e corporativismo. Esse despropósito cai por terra quando se sabe que hoje existem mais de mil faculdades de Direito no Brasil, ou seja, quantos milhares de candidatos, se se inscrevessem livremente nos quadros da Ordem, não contribuiriam com as respectivas anuidades, as quais atingiriam alguns milhares de reais, a serem canalizados para os seus cofres.

A mesquinharia desses detratores é desconhecer que a Constituição Federal de 1988 elevou a profissão de advogado, ao estabelecer, no seu artigo 133, que "o advogado é indispensável à administração da justiça, sendo inviolável por seus atos e manifestações no exercício da profissão, nos limites da lei".

Merece destaque: a OAB tem como finalidade, entre outras, a defesa da boa aplicação das leis e da rápida administração da Justiça, o aperfeiçoamento da cultura e das instituições jurídicas, fundamentos que exigem a aprovação no exame da Ordem como condição para a atuação profissional na advocacia.

* * *

III

E por quê? Porque em função social da advocacia, o advogado se transforma num defensor da realidade social, a ponto de, ainda recentemente, ter lutado pela restauração das liberdades democráticas, do habeas corpus, da revogação dos Atos Institucionais, enfim, de toda aquela legislação ditatorial que atentava contra a soberania do país. A OAB luta porque sabe que somente a cidadania política pode reorganizar a sociedade.

É lamentável que alguns mal-intencionados desconheçam que, na época do governo militar, o arbítrio se fazia presente, por meio, por exemplo, da Lei de Segurança Nacional, a Lei Falcão, e da falta de liberdade e autonomia sindicais. A tal ponto – faço questão de colocar em relevo – que vários advogados foram assassinados: dois de Santa Catarina; dois de Alagoas; dois de Goiás; um de Minas Gerais; um do Pará; um do Mato Grosso do Sul e um do Rio de Janeiro.

Para sairmos desse período de excepcionalidade institucional para um reordenamento constitucional, foi a OAB a vanguardeira pela sua concretização. Aliás, a OAB cresce muito no conceito popular quando a repressão é aguda, quando o Estado de Direito está adormecido e as prerrogativas constitucionais desaparecem. É que ela é a única instituição que não tem conotação política-partidária, apesar de muitos dos seus integrantes pertencerem ou simpatizarem com partidos políticos de siglas diferentes. Quando a OAB toma uma posição, ela é da OAB como um todo e está sempre voltada para o Estado de Direito. As bandeiras que ela desfralda, ao sabor de todas as intempéries, têm como lema o principal, o resto é acessório.

Ademais, ninguém pode imaginar que a OAB possa ser conduzida por uma pessoa insegura, no sentido profissional, moral e ético, pois acima do perfil do presidente está a instituição. Ele pode contribuir, mas quem assegura o seu brilho é toda a tradição que está na sua existência.

Na luta desenvolvida pela OAB jamais houve lugar para neutralidades oportunistas ou acomodações convenientes. Daí, o exame da Ordem ser uma necessidade, eis que, sem ele, o bacharel em Direito que ingressar livremente nos quadros da OAB poderá ocasionar danos ou irrecuperáveis prejuízos à sociedade brasileira.

* * *

ESSAS COISINHAS

Há muito tempo, em certos municípios do interior do Amazonas, sobretudo nos mais pobres, não havia clubes organizados para as respectivas recreações. Assim, um comerciante abastado resolveu criar em um deles um salão de dança para o pessoal aproveitar os fins de semana. Todavia, por ser muito rigoroso, quem não se comportasse à altura era punido com suspensão ou eliminação da frequência.

Certo sábado, um dos frequentadores saiu do sério e foi suspenso, o que resultaria, como consequência, a proibição de frequentar o salão até o completo cumprimento da penalidade. Acontece que, passados dois fins de semana, antes de tê-la cumprido, o transgressor comprou uma roupa nova e convidou a namorada para irem à festinha. Eram as comemorações em homenagem a São João.

Ao chegarem os dois no portão do local, tiveram uma desagradável surpresa. O comerciante não permitiu que eles entrassem e ainda passou-lhes uma reprimenda em voz alta. Cabisbaixo, o jovem sentiu-se humilhado na frente da namorada, e, ao retirar-se, prometeu, em voz alta, que se vingaria.

Dito e feito. Como ele tinha conhecimento de que o seu algoz tinha uma amante, foi até a casa de sua esposa e contou tudo: – nome, local, trabalho da dita-cuja.

Claro que o comerciante entrou no seu inferno astral, o que motivou-o dar uns tabefes no rapaz e, em razão disso, ser chamado à Delegacia de Polícia para esclarecer os motivos da agressão. Inteirado da ocorrência, o delegado não se conteve.

– Mas logo o senhor... quem diria, uma amante!

– Ora, sêo Delegado, esse lá é assunto para qualquer sujeito levar ao conhecimento da esposa da gente?

E rematou, com um malicioso sorriso:

– Sêo Delegado, cá pra nós, eu não consigo resistir a essas coisinhas.

(O próprio comerciante narrou o ocorrido ao médico Cláudio Chaves.)

* * *

CAPISTRANO DE ABREU

Tenho lembrado, amiúde, esse grande filósofo da História – cuja vida fecunda se estende de 23 de outubro de 1853 a 13 de agosto de 1927 –, que saiu de um século e entrou em outro, e se revelou o escritor que carregou no próprio espírito o facho teimosamente luminoso do homem superior, a tal ponto que ninguém mais do que ele soube compor, em traços imperecíveis, a imagem brasileira, fiel à ética da dignidade.

A velha pena de ganso do Capistrano não entortou ou pendeu diante do imprevisível das tempestades que, às vezes, amolecem ou sacodem a índole do observador da vida e das coisas.

Não escreveu para adorar a poderosos eventuais. Os imediatistas do poder, fosse na monarquia ou na república, respeitavam-lhe a envergadura de escritor. O cheiro das coisas perpétuas deixado pelos seus manuscritos indicam que Capistrano sobrecolocou-se às vantagens palacianas. Curioso é que se colaborou com um ou outro daquele regime é porque a nação foi atrás dele. E tinha de servi-la – como ao longo da sua existência a serviu – sem pedir-lhe nada.

Foi intransigente quando se tentou truncar a verdade histórica. Não concordava com a mutilação do passado brasileiro, a ponto de ter pretendido escrever a História do Brasil sem aludir a Tiradentes, cujo papel ele subestimou.

O escrúpulo foi o resultado de suas pesquisas. Morto aos 74 anos, "desiludido e pessimista", não conquistou seus contemporâneos, mas se mantém cada vez mais firme na admiração da posteridade e sobre a sua campa não se jogou a profanação das dúvidas.

A grande verdade é que o historiador só desfruta da intimidade da glória se fizer da dignidade um inalienável princípio de vida. Capistrano há de ser visto como um monge da História, soletrando no silêncio de dois séculos que se encontram a oração do respeito à pátria.

Ao fazer da austeridade intelectual uma religião, conseguiu distinguir os mitos. Direi melhor: Capistrano jamais confundiu o mártir com o herói.

* * *

A QUEM APROVEITA?

No mês de julho, atendendo a um honroso convite do advogado Júlio Antonio Lopes – respeitado e consagrado dentro e fora dos auditórios forenses –, prefaciei um livro de sua autoria, intitulado *Sigilo da fonte* (é um dos volumes que integram a coleção que ele acaba de publicar), no qual salientava a posição do presidente Rafael Correa, do Equador, nos seus constantes ataques aos meios de comunicação.

Registrei, nessa oportunidade, que se vinha divulgando que "o projeto do poder de Correa inclui, é claro, a imprensa", estando ele a "preparar uma lei para controlar os meios de comunicação em todos os níveis – da propriedade acionária à participação no mercado, passando pelo controle editorial com um comitê governamental específico". E mais: Correa está empenhado em "vender" suas ideias para a América do Sul, e assim "regular o conteúdo dos meios de comunicação em toda a região".

Coincidência ou não, o noticiário nos últimos dias abordou o tema acima, proposto e aprovado por um partido político, prevendo campanha popular em defesa da aprovação do *marco regulatório das comunicações*. Não há dúvida de que se tenta colocar na ordem do dia do país o projeto com esse objetivo, deixado ao fim do governo Lula, para ser encaminhado ao Congresso Nacional, e que a presidente Dilma determinou ao seu ministro das Comunicações que o engavetasse.

É evidente que a presidente, àquela altura, evitou uma grande contenda judicial, eis que tal novo marco regulatório tem indisfarçável objetivo que é o de enfraquecer a imprensa profissional e independente, numa volta a um passado recente que ninguém deseja ver repetido. Por isso mesmo, o entendimento do Supremo Tribunal Federal, ao revogar a Lei de Imprensa oriunda da ditadura, decidiu que o direito à liberdade de expressão não pode ser regulamentado por lei ordinária.

Volto ao que escrevi para o brilhante profissional Júlio Antonio Lopes e que ora reproduzo: "uma imprensa controlada pelo Estado ou pelas elites dominantes pode permitir a eclosão de não apenas uma, mas duas ou várias ditaduras numa mesma região. É que nenhum país será grande, nenhuma nação conseguirá se desenvolver ou viver em harmonia com seus cidadãos se não for protegida e estimulada por uma imprensa livre. Na existência da completa manifestação de pensamento reside a verdadeira grandeza dos povos. Com uma imprensa amordaçada, maculada pela censura, não subsiste a democracia e o mundo moderno de hoje nos ensina claramente que sem ela as nações não sobrevivem. E o que é preocupante: uma nação onde o medo prevalece sobre a esperança, o ódio subjuga o amor, a vida não merece ser vivida."

*   *   *

VI FÓRUM SOCIAL MUNDIAL

Tomei conhecimento de que o VI Fórum Social Mundial e da Ciranda Internacional da Comunicação Compartilhada será na cidade boliviana de Cobija, no ano de 2012. Convém lembrar que o V Fórum Social Pan-Amazônico, em Santarém/ 2010, e o IV, em Manaus, no ano de 2005, tiveram como um dos mais destacados membros o professor José Ribamar Mitoso, da Universidade Federal do Amazonas, o dramaturgo mais premiado da Amazônia, com seis prêmios nacionais de teatro.

A próxima reunião tem como bandeira a luta "contra a cobiça internacional, o lucro fácil, o poder econômico sádico e insidioso, os grupos monopolistas do poder, do dinheiro e da verdade, os seus arautos e o pensamento único neoliberal".

E mais "será a afirmação, em uma nova conjuntura, de um projeto democrático, plural, repartidor das riquezas, incentivador das culturas populares emergentes, especialmente da arte transgressora e revolucionária".

Nesse passo, quero deter-me no que se convencionou chamar de internacionalização da Bacia Amazônica, esse gigantesco espaço aberto, considerando que a Amazônia e o Centro-Oeste detêm dois terços do território nacional. Limitado a Oeste e Noroeste pelo Brasil Central e mais pela Venezuela, Colômbia, Peru e Bolívia, e a Leste pelo Oceano Atlântico, sua fronteira internacional ultrapassa mais de 8 mil quilômetros, um dado estarrecedor.

É, pois, com alegria que venho a saber que idealistas se reunirão em 2012, e com a noção exata de que há sérios desafios a vencer para ser levado, com sucesso, o processo de humanização e desenvolvimento da região, particularmente no que diz respeito à defesa dos sistemas ecológicos naturais e à incorporação de técnicas agrícolas adequadas aos trópicos úmidos.

Ademais, a questão da Amazônia é, portanto, sobretudo ética. A ética é a base de toda regra de convivência racional e consciente. O conhecimento, a pesquisa, o desenvolvimento de tecnologias específicas são fundamentais, mas só poderão ser úteis – no sentido da preservação da cultura e do ecossistema – se presididos por esse tipo de sentimento e de compromisso.

Nesse ponto, estamos todos unidos: de modo algum nosso país abrirá mão de sua soberania, historicamente reconhecida, sobre seu território amazônico. Internacionalizar, no sentido de desnacionalizar, é projeto que pode ser, desde já, excluído de qualquer agenda de discussões.

* * *

ARLINDO PORTO

I

Algumas vezes passamos os dois dificuldades, jamais necessidades. No Rio de Janeiro, estávamos sempre juntos, ligados pela cassação do nosso mandato parlamentar e pela suspensão dos direitos políticos por dez anos.

Ele – distanciado da profissão de jornalista, que sempre foi e dos melhores – prestando os seus serviços de assessoria no campo do turismo, mercê de um contrato de trabalho que mantinha com uma empresa sediada na nossa terra, e eu, no exercício da advocacia, acoplado ao escritório simples de um velho amigo, pernambucano de origem e casado com uma amazonense.

Nessa fase, quais marinheiros ancorados ao cais da nossa recordação, lembrávamos os tempos do Colégio Estadual do Amazonas (àquela altura já dirigia ele o jornal *O Debate*); sua época de redator-chefe dos Diários Associados, quando tinha apenas 17 anos; passando pela faculdade de Direito do Amazonas (concluímos o curso juntos) e, mais tarde, o convívio na Assembleia Legislativa do Amazonas, que ele presidiu com absoluta e irretocável seriedade.

Quando ingressei – e com que dificuldade – no Instituto dos Advogados Brasileiros, lá estava ele a meu lado e dos meus familiares, compartilhando da vitória do compadre, que era também sua.

Do relacionamento nesse Templo de Juristas, foi ele, um dia, convidado por um diretor da extinta revista *Manchete*, o festejado Justino Martins, para fazer um teste. Para surpresa do consagrado mundialmente Justino – como ele mesmo registrou –, estava ali, à sua frente, após o teste sem quaisquer prévios ajustes, um jornalista do mais alto quilate.

A proposta veio de imediato. Sem rodeios. Justino Martins o chamava para ser redator da revista com um salário que superava o que ele ganhava da empresa amazonense que representava e que, como instalação, apenas dispunha de modesto apartamento no Hotel Nelba, da rua Senador Dantas.

Como resposta, uma grande revelação: a negativa.

Preferia continuar prestando os seus serviços à empresa de turismo, porque o seu titular, amigo de tantas horas, dele se havia lembrado naquela fase difícil inicial que atravessara. Ingratidão não é vocábulo do seu dicionário pessoal.

* * *

II

Na recusa ao novo emprego, exibia ele o seu bom caráter.

Curioso destino: não muito tempo decorrido, vem a falecer o titular da empresa. O sócio remanescente – e que assumia o comando, dispensou, sumariamente, os préstimos daquele que se tinha portado com tanta dignidade.

Nova prova da sua verticalidade: não esmoreceu, não desanimou, não imprecou nem se lamentou. Passou a trabalhar naquela que era a sua verdadeira vocação: o jornalismo. E o fez em alguns dos mais conhecidos jornais do Rio. Venceu. Vitorioso, mais tarde largou tudo e retornou à nossa terra. Espécie de forasteiro que tinha perdido o hábito de partir.

Ao me eleger relator-geral da Assembleia Nacional Constituinte, suas sugestões foram sempre por mim aceitas. Ministro da Justiça e senador da República, os seus conselhos recolhidos, a dimensionar o seu caráter, a sua dedicação, a sua honestidade pessoal.

Hoje está ele aposentado nas elevadas funções de conselheiro do Tribunal de Contas do Amazonas, dedicando parte do seu tempo à Academia Amazonense de Letras (é integrante da atual diretoria).

Autor de vários livros e publicações esparsas, em um deles, ao qual deu o título de *Uma espécie em extinção*, faz uma definição antológica sobre o homem de bem, e que ora reproduzo:

> "Assim o homem de bem, no Brasil, é um estorvo para a esmagadora maioria. Ele não se adapta aos costumes gerais. Ele não concorda em pagar nem em receber propinas, chegando mesmo a se irritar quando lhe oferecem comissões. Entende que os negócios devem ser feitos com lisura e transparência e que as pessoas devem ser pagas pelo que merecem e não pela proteção de alguém. O homem de bem é leal aos seus amigos e serve sem jamais esperar compensações.
>
> Tal como os dinossauros que se extinguiram um dia e nunca mais voltaram a aparecer, a não ser com a sua ossada reproduzida em fósseis, o homem de bem não bajula, não incensa, não calunia, não cede em suas convicções para obter favores."

No silêncio deste artigo, ao prestar-lhe uma fraternal homenagem, registro o seu nome completo: Arlindo Augusto dos Santos Porto.

* * *

AS VITORIOSAS DA PAZ

Este ano o Prêmio Nobel da Paz foi, acertadamente, para as mãos de três mulheres. Nada mais justo, uma vez que, a seu modo, cada uma delas travou uma luta sem tréguas. Seus nomes: Ellen Johnson-Sirleaf, Leyman Gbowee e Tawakkul Karman.

A primeira, presidente da Libéria, baixinha, avó, 73 anos de idade e trinta anos de carreira política no seu país. Economista formada em Harvard, foi protagonista nos anos terríveis que convulsionaram a Libéria de um episódio singular: o general que tomou o poder através de um golpe na década de 1980 determinou a sua prisão e consequente ameaça de morte. Ao encarar os soldados, bradou com ênfase: "Vocês não podem fazer isso. Pensem em suas mães." A partir daí virou ativista política, com a alcunha de Dama de Ferro, ostentando hoje o título de "o símbolo da nova África".

A segunda, definida como "guerreira ousada", destacou-se à frente de um grupo de mulheres vestidas de branco contra a guerra que tomou conta do seu país de 1989 a 2003. Quando se dispôs a trabalhar pela paz, criou a sua estratégia mais famosa: conseguiu convencer as mulheres de combatentes a suspenderem as relações sexuais até que eles concordassem em se sentar à mesa de negociações.

Em 2003 ficou mundialmente conhecida a sua atuação liderando centenas de manifestantes pelas ruas de Monróvia ao lutar pelo desarmamento de combatentes que estupravam mulheres e meninas. Atualmente ela exerce as funções de diretora da Rede de Paz e Segurança para Mulheres da África, em Gana.

A terceira ganhadora do Prêmio Nobel é a primeira mulher árabe a recebê-lo, exercendo, com raro destemor, a defesa dos direitos humanos, o que lhe valeu ser conhecida como "a mãe da revolução do Iêmen".

Mãe de três filhos, cumpriu prisão temporária aos 32 anos, apesar de, no seu país, raramente isso acontecer. Foi ela quem impulsionou o levante dos manifestantes contrários ao ditador Ali Abdullah Saleh, há 32 anos no poder, com a bandeira de manifestações pacíficas pela democracia, não obstante a escalada da violência que existe entre as forças do governo e os dissidentes militares. E foi falando na reconstrução do seu país sobre a paz que ela dividiu o Prêmio Nobel com as mulheres do mundo árabe.

A essas três notáveis mulheres junto o nome de uma também guerreira, por quem tenho a mais especial admiração: Cecília Cabral, minha saudosa mãe.

* * *

A CORRIDA PARA O ANO 2000

I

No ano de 1968, quando exercia o meu primeiro mandato de deputado federal, ocupei a tribuna da Câmara dos Deputados no Grande Expediente, Sessão Ordinária de 29 de maio, para comentar um livro que acabara de ser editado pela Editora Nova Fronteira, de autoria do alemão Fritz Baade, e cujo título dá nome a esta crônica.

Salientava eu que aquela Casa Legislativa não se deveria omitir de tratar assuntos internacionais, uma vez que muitos problemas extrafronteiras se interligavam com problemas brasileiros.

Na sua obra, Fritz Baade procurou mostrar que ela não era de ficção científica e sim de fatos científicos, afirmando, àquela altura – mais de quarenta anos decorridos – que o caminho da humanidade para o ano 2000 poderia ser considerado como uma corrida, na qual seriam testadas duas formas, por assim dizer opostas de configuração econômica e política da vida humana.

Explicitava ele que, no último ano do século XX, a China teria cerca de um bilhão e meio de habitantes, o equivalente a toda a população da Terra em 1900, e que China e Índia, juntas, possuiriam 2 bilhões e meio de habitantes, quase, nessa época, a população do mundo.

Foi profético. A China, na atualidade, representa o acontecimento mais importante no cenário econômico do século XXI, colocando-se como um dos inegáveis líderes no contexto da economia mundial, a tal ponto que os analistas econômicos consideram que poderá superar os EUA e se tornar a maior potência mundial.

Não há como deixar de reconhecer os seus avanços tecnológicos na área industrial e no desenvolvimento urbano, além dos notáveis resultados na área da educação, recuperando, desse modo, a liderança que havia perdido há mais de dois séculos.

Com a abertura para a economia de mercado, nesses últimos trinta anos, a China acumula um montante de reservas estimado em 3,5 trilhões de dólares, enquanto a dívida dos chamados países ricos (integrantes do G7) totaliza, segundo o FMI, a fabulosa quantia de US$ 41,2 trilhões, e os EUA à frente com US$ 15,1 trilhões.

* * *

II

Curiosamente, a China é, ao mesmo tempo, a maior produtora e importadora mundial de cereais. Por igual, apesar de possuir o maior rebanho, cerca de 500 milhões de cabeças: boi, carneiros, cabritos etc., ela é a principal importadora de carnes, incluídos os frangos.

Os maiores bancos mundiais pertencem a ela: o Banco Industrial e Comercial da China e o Banco da Constituição da China, além de dispor da maior produção mundial de ouro.

Na área de cultura a China tem o maior número de pessoas alfabetizadas, quatro vezes mais que os EUA, assim como o de professores, médicos e engenheiros, além de dispor de 2 mil universidades, sendo 35 delas consideradas entre as quinhentas melhores do mundo.

Disse-me o dr. Carlos Tavares de Oliveira, especializado em comércio exterior, navegação e portos, que a China mantém a liderança nesses três setores, dispondo da maior frota mercante, com 4.174 navios, e liderança dos portos, eis que possui sete entre os dez maiores do mundo, aí incluídos os dois primeiros. A sua rede abrange, no total, 419 portos marítimos e 355 fluviais, movimentando no seu tráfego interno e externo a fábula de 8 bilhões de toneladas. Aliás, nessa área de construção naval, a China, neste ano, assumiu a liderança, ultrapassando a Coreia do Sul e o Japão. Por outro lado, os edifícios das cidades chinesas nada ficam a dever aos maiores dos grandes centros urbanos, acompanhando o ritmo frenético do crescimento de sua economia. Não é sem razão que os analistas econômicos estão preocupados com a velocidade que a China ocupou espaços na América Latina e que agora está a reduzir.

E por quê? Com a economia estagnada na Europa, o crescimento em marcha lenta do Japão e dos EUA, as possibilidades da recuperação da economia mundial ficam, sem dúvida, na dependência da continuidade da expansão da China. E com a expansão da demanda liderada por ela, o Brasil tirou proveito com a importação que fez das nossas matérias-primas. Basta relembrar que na crise de 2008 e 2009 garantiu ela os superávits na nossa balança comercial.

Agora, o que se comprova é que a China nos tirou mercado das exportações industriais, mostrando que não só o Brasil, mas o mundo também dela depende.

Vale ressaltar: Fritz Baade acertou na sua profecia. A China está vencendo a corrida no século XXI.

* * *

PADRE CÍCERO E JUAZEIRO

I

Devo registrar, de imediato, que serão três crônicas como homenagem, justa e espontânea, que presto a um dos mais notáveis – e humilde, por natureza – prelados com quem tenho convivido ao longo da minha vida. Seu nome: Dom Luiz Soares Vieira, arcebispo metropolitano de Manaus.

Dito isso, passo a discorrer sobre o maior benfeitor de Juazeiro e, sem dúvida, a figura mais importante de sua história, a ponto de, no início de 2001, ter sido considerado o *cearense do século*.

Como todo aquele que tem defensores e opositores, é ele uma das figuras mais biografadas do mundo, com a sua vida estudada por cientistas sociais do país e fora dele, além da existência de mais de duzentos livros sobre a sua personalidade.

Para entender a sua atuação é mister recuar no tempo, analisando o que era o Nordeste do século XIX, época em que nasceu (24 de março de 1844). Região conhecida como pobre, assolada pela seca, com as famílias cada vez mais numerosas, era comum que cada uma delas tivesse a esperança de que um de seus filhos fosse padre. Nessa altura, o catolicismo liderava em todos os lugarejos, contribuindo para a melhoria de vida da maioria sem recursos financeiros.

Não foi diferente com Cícero Romão Batista, filho de Joaquim Romão Batista e Joaquina Vicência Romana, conhecida como dona Quinô, que, aos 12 anos, após forte influência pela leitura da vida de São Francisco de Assis, fez o seu voto de castidade e, mais tarde, no final de 1870 ordenou-se sacerdote.

Curiosamente é que, antes da ordenação, com a morte do pai, pequeno comerciante no Crato – o que motivou sérias dificuldades à família, – só conseguiu ingressar no Seminário da Prainha, em Fortaleza, com a ajuda de seu padrinho de crisma, o conhecido coronel Antonio Luiz Alves Pequeno.

Chegou pela primeira vez ao então povoado de Juazeiro por volta do mês de dezembro de 1871, onde celebrou a tradicional Missa do Galo, instante em que deixou profunda impressão nos habitantes do lugarejo. No ano seguinte, voltou a Juazeiro para ali fixar residência, em caráter definitivo.

Relatam os seus biógrafos que aquele homem de "estatura baixa, pele branca, cabelos louros, olhos azuis penetrantes e voz modulada" tomou essa decisão em virtude de um sonho no qual Jesus Cristo lhe aparecia mostrando um lugar de necessitados – exemplo típico de retirantes nordestinos – e, apontando para eles, ordenava: "Padre Cícero, tome conta deles."

* * *

II

Foi assim, com essa missão, que se instalou no então pequeno lugarejo, formado por um reduzido número de casas de taipa e uma capelinha, e começou a desenvolver um intenso trabalho pastoral que resultou no término do excesso da bebedeira e prostituição. Com a certeza de que os fortes não recuam, com a da bravura dos que não temem e seguro da missão que Deus lhe confiara, transformou a rotina do lugarejo para sempre. E mais: conta-se que a ele se deve o milagre acontecido quando, ao participar de uma comunhão geral por ele oficiada, uma beata, de nome Maria de Araújo, "ao receber a hóstia consagrada, não pôde degluti-la porque a mesma se transformou em sangue", fato que se repetiu outras vezes, motivando que o povo interpretasse como "um milagre autêntico, eis que as toalhas com as quais se limpava a boca da beata ficavam manchadas de sangue" e, desse modo, merecendo a veneração de toda a população. Com isso e a repercussão nos jornais, o povoado passou a ser alvo de peregrinação para "ver a beata e adorar os panos tintos de sangue".

Como era previsível, o padre Cícero foi chamado ao Palácio Episcopal, em Fortaleza, a fim de prestar esclarecimentos aos fortes comentários que envolviam o episódio. A princípio, o bispo (D. Joaquim José Vieira) acomodou-se com o relato, mas, a seguir, pressionado por determinadas correntes da Igreja (não aceitavam a versão do milagre), determinou a investigação oficial dos fatos, nomeando uma comissão integrada por dois sacerdotes, os quais, após assistirem as transformações e examinado a beata, tiveram o cuidado de concluir que se tratava de um acontecimento divino. Todavia, por motivos desconhecidos, o bispo nomeou outra comissão, também constituída de dois sacerdotes, e esta, de forma pressurosa, convocou a beata, deu-lhe a comunhão e não tendo presenciado nada fora do habitual, concluiu: "Não houve milagre." O que motivou a aceitação do bispo.

Essa postura – como assinalaram aqueles que acreditavam no milagre – agravou-se quando o Relatório do Inquérito foi enviado à Santa Sé, em Roma, e ali confirmado o acolhimento do bispo, pelo que foi reservada ao padre Cícero a punição de "suspensão de ordem", da qual, durante toda a sua vida, não conseguiu a sua revogação.

* * *

III

Estranho paradoxo: cem anos depois do chamado milagre de Juazeiro, foi ele "alvo de estudos pela ciência da Parapsicologia, tendo a tese do embuste, defendida por padres e escritores, sido descartada pelos parapsicólogos como "um caso de aporte que teria acontecido com a beata".

Padre Cícero, atingido pela proibição de celebrar, ingressou na política – fortemente instado pelos apelos dos amigos e admiradores –, saindo vitorioso como prefeito e, depois, presidente do Ceará.

Uma circunstância que sempre me causou curiosidade (e agora escrevo na primeira pessoa do singular) foi o encontro do padre Cícero com Lampião, segundo o comentário um tanto discrepante de alguns escritores. Daí, quando tive a honra de representar o meu estado, pela vez primeira, na Câmara dos Deputados, em 1967, convivi com o padre Antonio Baptista Vieira, deputado pelo Ceará, escritor, jornalista, professor de latim e grego, além de pesquisador respeitado. A ele indaguei se concordava com a versão que atribuía ao padre Cícero ter sido ele o defensor da concessão da patente de capitão ao famoso cangaceiro Lampião.

A sua resposta foi longa, recheada de fatos históricos, com nomes e datas – todas comprovadas –, para concluir que essa versão fora difundida por ter sido o padre Cícero traído por um dos seus auxiliares, que forjara um documento como se tivesse sido por ele assinado. E com a sua resposta colhi mais um ensinamento: é que Lampião exigia receber a patente de capitão porque ela lhe havia sido prometida por um certo deputado federal se ingressasse no chamado Batalhão Patriótico e passasse a combater a Coluna Prestes.

Padre Cícero morreu aos 90 anos, no dia 20 de julho de 1934, deixando todos os bens que lhe foram doados por admiradores, simpatizantes e seguidores para a Igreja Católica. Com o seu legado, a maior resposta foi dada aos seus detratores, os quais apregoavam que, com a sua morte, o mito desaparecia em 24 horas. Ledo engano. Ainda recentemente, no último Dia de Finados, uma imensa multidão de romeiros, como acontece, aliás, todos os anos, vinda dos mais distantes lugares do Nordeste, se fez presente no seu túmulo, na Capela do Socorro.

Mais um dos seus milagres.

(Para os interessados, sugiro a leitura do livro *Padre Cícero – poder, fé e guerra no sertão*, de autoria de Lira Neto, edição de 2009.)

* * *

OS ASSALTANTES DO ERÁRIO

Alguns políticos brasileiros causam a todos impressão de assombro, além de brutal desapontamento. Insensíveis ao interesse público, desfilam as suas trapalhadas embutidas em fabulosos golpes ao erário, com a maior naturalidade, mandando às favas os superiores interesses da pátria.

Os noticiários de jornais, rádios, revistas e TVs retratam declarações enfáticas num dia e, logo no outro, a seguir, vêm os ditos por não ditos, deixando à mostra que não têm a mínima compostura para exercer as altas funções de chefia de um ministério, ou a ele equivalente. Além do despreparo, chegam a se esparramar na poltrona do deboche, como se fosse possível tripudiar sobre o bom senso daqueles que, mesmo equidistantes, não estão indiferentes aos assaltos aos cofres públicos.

O trabalhador humilde ou o mais qualificado artesão – esquecidos no equacionamento e concretização de dias melhores – veem essa deterioração moral como um exemplo nefasto, sobretudo os que vivem esmagados nos seus parcos recursos, em dificuldades para pagar o aluguel, um médico particular, comprar alimentos para seus filhos, enfim, praticamente esquecidos por aqueles que estão enquistados nos mais altos cargos públicos e deles se locupletam da maneira mais abjeta possível. O que é mais grave: travestidos de protetores da sociedade, acabam pondo a calva à mostra – estão apenas voltados para os seus interesses (escusos) pessoais.

Ora, a democracia, na sua essência, resume os consentimentos dos governados na investidura do poder. Vale dizer: quando os governados passarem a exercer essa responsabilidade dos governantes, terão estes de fazer um exame de consciência (se ainda dispuserem dela) para extirpar dos seus domínios o que está errado, eis que os respingos acabarão por atingi-los. Ademais, o governante é eleito por ser considerado um líder. E nenhuma liderança se afirma pela omissão, que nada mais é do que um subproduto do nada e do não. Ora, se um subordinado não tem comportamento digno, ético – e é desmascarado de todos os ângulos –, cabe ao governante demiti-lo na ardência dos acontecimentos, sob pena de, a cada demora em tomar essa atitude, ele próprio terminar por perder ou ver diminuída a sua autoridade.

É imperioso colocar na cadeia os assaltantes do erário.

* * *

O PRÊMIO

Não pude estar presente – como gostaria – ao significativo evento ocorrido na última terça-feira, dia 29 do mês recém-findo, no Studio-5, quando foi anunciado o Prêmio *Jornalista Milton*

Cordeiro, a ser concedido, anualmente, àqueles profissionais envolvidos com a TV, rádio, jornal e internet. Isso me trouxe à mente o colega contemporâneo do Colégio Estadual, da faculdade de Direito e do companheiro fundador do Sindicato dos Jornalistas Profissionais do Amazonas.

Somos amigos / irmãos de há muito. Amizade que começou na juventude, cresceu no convívio e se consolidou na maturidade. Na minha passagem pelos centros políticos esteve ele a meu lado, não apenas com a retórica, mas com ações concretas. Nesse sentido, acreditava que a mais consistente resposta às pressões dos grupos internacionais – representassem eles os mesmos interesses escusos ou legítimos, deveriam ser submetidos aos critérios ditados pela soberania nacional – era a de promover um amplo processo de desenvolvimento da Amazônia, que viesse a atender às necessidades da sua população e a cumprir o fabuloso potencial da região.

Com a sinceridade agressiva que lhe é característica, com quem a merece – mas sempre de forma educada –, demonstrava aos que ouviam que esse desenvolvimento não podia ser pensado e proposto nos mesmos parâmetros de três décadas atrás, sobretudo porque não podíamos ficar alheios à dimensão ecológica da questão amazônica. E mais, basear-se em um uso racional e não predatório dos recursos naturais, visando à sua preservação e ao seu aproveitamento pelas gerações futuras. Estava certo.

Milton Cordeiro é um exemplo de jornalista profissional, sem deslizes, com mais de meio século ininterrupto de militância, seja em *A Gazeta*, na qual começou, passando pelo *O Jornal* e *Diário da Tarde*, até se tornar vice-presidente de jornalismo da Rede Amazônica, o que confere um valor maior ao troféu que leva o seu nome.

Imagino o merecido orgulho que Maria Edy – companheira da vida inteira –, seus filhos, netos e bisnetos sentiram naquele instante em que a solenidade era concluída com o estrondoso aplauso dos que ali se encontravam.

Valeu, Milton! Nos anos vindouros, quando a comissão julgadora escolher os vitoriosos, haverão eles de empunhar o arco, no respectivo pedestal, com a sua assinatura, e proclamar interiormente: orgulho-me deste prêmio porque leva o nome de um profissional sem medo e sem mancha.

* * *

A CENSURA...

Os governantes, ou os políticos de um modo geral – salvo as honrosas exceções de praxe –, não são adeptos da imprensa que critica, ainda que esta tenha finalidade construtiva.

Tal circunstância me vem à mente em virtude da ação de declaração de inconstitucionalidade que tramita no Supremo Tribunal Federal, da qual é parte integrante a Associação Brasileira de Emissoras de Rádio e Televisão (ABERT), em que se questiona a tentativa do poder público, que, usando o Estatuto da Criança e do Adolescente, tenta punir emissoras que se recusam a aceitar como compulsórias as chamadas indicações de faixas etárias da programação elaborada pelo Ministério da Justiça.

Eis aí, de forma indisfarçada, a manobra para impor horários de exibição, que, trocando em miúdos, nada mais é do que censura prévia e, consequentemente, um cometimento de verdadeiro estupro ao art. 5º, inciso IX, da Constituição Federal.

O que especifica ele: "É livre a expressão da atividade intelectual, artística, científica e de comunicação, independentemente de censura ou licença."

Ora, a liberdade de expressão é uma das vigas mestras do Estado de Direito, e desconhecê-la – ou dela fazer tábua rasa – é atentar contra a liberdade de imprensa. E mais: censurá-la, pela forma oblíqua e, às vezes, direta, é tripudiar, para dizer o menos, sobre as garantias enumeradas na Carta Magna.

Ao usar a expressão de forma oblíqua, coloco em relevo o argumento de que se utiliza o Estado, ao confirmar que o seu objetivo nas indicações de faixas etárias é tão somente o de proteção à família. Mas, pergunto eu, de que forma? A ela substituindo, tutelando-a, sufocando o seu livre-arbítrio?

Tenho reiterado que uma imprensa controlada pelo Estado é típica atuação das ditaduras. Direi melhor: nenhum país será grande, nenhuma nação conseguirá se desenvolver ou viver em harmonia com seus cidadãos se não for protegida e estimulada por uma imprensa livre.

Ademais, os limites da liberdade já estão estabelecidos na Constituição Federal, perante a qual não existirão excessos que as ditaduras pretendam controlar.

* * *

NOVO RIO: O MAIOR DO MUNDO

Há algum tempo recebi de um velho amigo meu a notícia – altamente auspiciosa – de que foram encontrados indícios de um novo rio subterrâneo, na Amazônia, que poderá ser o maior do mundo, eis que, com a mesma extensão do rio Amazonas, estaria ele 4 mil metros abaixo da maior bacia hidrográfica do mundo.

Essa descoberta é fruto do trabalho de doutorado de Elisabeth Pimentel, que põe em destaque que "o rio teria 6 mil km de comprimento e entraria no Oceano Atlântico pela mesma foz, que vai do Amapá até o Pará".

O que é interessante observar é que essa descoberta foi feita a partir da "análise de temperatura de 241 poços profundos perfurados pela Petrobras nas décadas de 1970 e 1980".

O coordenador do trabalho da doutora Elisabeth é o pesquisador indiano, Voliya Hamza, do Observatório Nacional do Rio de Janeiro, que afirma: "A temperatura no solo é de 24 graus Celsius constantes. Entretanto, quando ocorre a entrada da água, há uma queda de até 5 graus Celsius. Foi a partir deste ponto que começamos a desenvolver o estudo. Este pode ser o maior rio subterrâneo do mundo."

A revelação para mim não poderia ser mais alentadora, uma vez que, ao longo de mais de 15 anos – venho colocando em relevo que cerca de 20% da população mundial não têm acesso regular à água potável (1/4 bilhão de habitantes) e, aproximadamente, 40% não dispõem de uma estrutura adequada de saneamento básico (3 bilhões de habitantes). E mais de 3 milhões de crianças morrem prematuramente por falta de acesso à água de boa qualidade e um ambiente saneado. Além do que 3/5 dos grandes rios estão comprometidos por obras hidráulicas, sem considerar que 10% dos peixes, 24% dos mamíferos e 12% dos pássaros que vivem em água doce estão ameaçados.

Ora, da água depende a vida do planeta; por essa razão, o dever de lutar para impedir o que já se convencionou chamar de hidropirataria. Vale dizer: combater esse crime e salvaguardar o Brasil de interesses escusos internacionais.

Realmente a vinda desse novo rio demonstra que Deus é brasileiro, natural do Amazonas.

* * *

NATAL

Dia de Natal. Nascimento de Jesus Cristo.

Imaginei simular uma entrevista com Papai Noel, mais ou menos como se segue:

– Como nasceu a versão de Papai Noel?

– Eu me inspirei em São Nicolau, que viveu há muitos séculos em Lycia, atual Turquia. Tendo eu nascido no ano de 350, resolvi viajar para o Egito e a Palestina, onde acabei por me tornar bispo.

– Por que essa inspiração em São Nicolau? Em que contribuiu ele para que as crianças acreditem que o Papai Noel é um bom velhinho que deposita os presentes nos calçados que elas colocam sob suas camas?

– Diz a lenda que foi ele, então bispo de Myra, Ásia, o primeiro Papai Noel, no século IV, e por ser muito generoso, certa noite subiu no telhado de uma casa e jogou pela chaminé uma bolsa cheia de moedas que, coincidência ou não, caiu no chinelo que as crianças haviam deixado para secar na lareira.

– Devo salientar, no entanto, que o Natal é revestido de uma palavra simbólica, milagre, que vem do verbo *mirare* que, em latim, significa maravilhar-se. Daí, meu caro entrevistador, que é essa a minha missão na Terra: fazer com que as crianças se maravilhem, principalmente com a presença de Cristo nos seus lares na noite de Natal.

Entendi que não devia continuar com a entrevista. É que com o tempo, os cabelos embranquecidos, percebo o quanto a manjedoura – com toda a simplicidade, embora cheia de esplendor – ficou para trás.

E o presépio – com a sua incomparável mensagem de humildade, reproduzindo o cenário onde Cristo nasceu: manjedoura, animais, pastores – cedeu lugar a uma desenfreada máquina de publicidade comercial. Basta observar como hoje as lojas de departamentos, os shoppings porfiam entre si para demonstrar qual de suas lojas tem a mais ofuscante ornamentação, fazendo com que as filas – em grande número – se postem à frente de suas vitrines em ritual de profunda admiração.

Ah, o Natal da minha época de menino! Dele resta apenas uma lembrança esmaecida pelo tempo e as figuras dos meus saudosos pais anunciando a ceia familiar, com a oração de agradecimento a Deus por nos ter dado o seu amado filho Jesus.

* * *

2012 CHEGOU E COM ELE A LUTA

Neste começo de 2012 imaginei que poderia contribuir com uma crônica que pudesse ter alguma originalidade. No entanto, ao lembrar-me de quando se pesquisa uma obra de originalidade, acaba-se por encontrar as suas raízes mergulhadas na história do tempo. Goethe, o genial autor de Fausto, tomou como base para sua portentosa obra uma lenda antiga da Germânia. O próprio Shakespeare, em quase todo os seus trabalhos, amparou-se em fatos, acontecimentos e lendas de uma época antiquíssima. Vale ressaltar: o que se imagina ser uma produção atual tem sua concepção lastreada no passado, residindo a originalidade apenas na maneira de narrar os acontecimentos e não de criá-los.

Um exemplo marcante é dado por Tolstoi, no seu insuperável *Guerra e paz*, ao analisar a personalidade do general Kutosov que, em determinado momento, assume o comando dos exércitos russos contra a invasão napoleônica, da qual resultou em estrondoso êxito. Ressalta Tolstoi que esse êxito – contra estrategistas bem mais preparados – decorreu do talento para acompanhar o fluxo dos acontecimentos e dirigi-lo de acordo com a sua corrente natural, sem contrariá-la ou impor-lhe rumos diferentes.

Assim, neste início de ano, todo o ser humano deve deixar para trás os prejuízos, as angústias, as decepções, os momentos infelizes, e batalhar, com ânimo, por uma vida nova ao sabor dos acontecimentos que virão. Até porque, perder um pouco nada significa. Perder, porém, a esperança, a dignidade, a ética é que torna a pessoa aviltada na sua condição humana. Eis que, se vier a manter um encontro de contas consigo próprio e chegar a uma conclusão brotada da mais rigorosa sinceridade, comprovará que não passou de uma espécie de pioneiro do nada ou de desbravador do inútil, sem ter construído coisa alguma e sem poder sequer se orgulhar das suas ações. Ou seja: se não merece o seu respeito pessoal, jamais merecerá o dos seus contemporâneos.

O aréu, na sua hesitação, precisa lembrar-se de que nenhuma ventura é fácil; ela só é obtida à custa de muita determinação, de sacrifício pessoal. E é lutando que os obstáculos são vencidos.

2012 acaba de chegar. Partamos para a luta.

* * *

MENSAGENS

I

Ano passado registrei aqui alguns dos pensamentos, em número de setenta, de minha autoria. Hoje, trago mais 18 e no próximo domingo, outros 22, que farão parte de uma plaqueta que está sendo editada.

71º) Voltar o pensamento para a juventude é comprovar que a vida passou rápido e a velhice chegou antes do tempo. 72º) O falso amigo cultiva tanto a falsidade que dela acaba refém. 73º) Corajoso não é o que desafia o perigo e desaparece... e sim aquele que o enfrenta e dele sai vitorioso com dignidade. 74º) A mãe recomenda ao filho: ganha o mundo mas não te esqueças que viver todos vivem; saber viver é que é difícil. 75º) Ao canalha não o incomoda a indignidade, porque sempre coloca a culpa nos outros. 76º) Analisa as tuas qualidades e os teus defeitos, a fim de que possas merecer respeito daqueles com quem convives. 77º) O profissional da mentira a usa tanto que acaba por se convencer de que tudo o que inventa é verdadeiro. 78º) Não proclames as tuas qualidades. É louvável deixar que os outros as identifiquem. 79º) O pescoço – curto, largo, longilíneo – é, às vezes, motivo de chacota. No entanto, é ele que dá à cabeça a possibilidade de se mover. 80º) O teu conhecido poderá, eventualmente, um dia, te ajudar. Já o teu verdadeiro amigo estará sempre pronto para te amparar. 81º) Difícil convencer a criança com a explicação de que a chuva que cai é própria da natureza. Para ela, na sua inocência, é o céu que chora. 82º) Seduzir é a arte de conquistar amigos e produzir admiradores. 83º) Voltei à cidade onde nasci, depois de muito tempo. E senti, no meu interior, que retornava orvalhado de saudade. 84º) No passado, com a finalidade de diplomar navegadores de elevado porte, foi criada a Universidade do Mar. E, assim, passaram eles à História como apóstolos do desconhecido. 85º) O cristianismo é a bandeira mística do Brasil e o idioma português, o seu indestrutível veículo de comunicação do Norte ao Sul do país. 86º) Não tentes modificar o mundo interior dos outros sem antes organizar o teu próprio. 87º) Fraco não é o que chora... covarde é o que finge fazê-lo. 88º) Caráter é preciosidade que custa caro. Daí, por mais dificuldade que se tenha, devemos pagar o seu preço.

* * *

MENSAGENS

89º) Algumas pessoas são tão luminosas que o tempo não consegue agredir nem destruir. Ao contrário, aprimora-lhes as qualidades. 90º) Se pensares antes nas palavras que terás de proferir, não errarás ao fazê-lo. 91º) Incômodo não é discordares dos pontos de vista do teu interlocutor. Falsidade é não defenderes os teus. 92º) Não permaneças indiferente aos sofrimentos do teu semelhante, nem muito menos alheio às tuas mágoas. 93º) Nasceu sem pedir para ser filha. Tornou-se mãe por convicção. 94º) Não rendo minhas homenagens a certos edifícios que, de tamanha altitude, mais parecem interjeições de mau gosto. 95º) O respeito pessoal orienta o comportamento da convivência. 96º) O sábio atinge, com facilidade, o mais alto dos montes da sabedoria, porque se tornou alpinista por modéstia. 97º) A dignidade está tão escassa que muitos não acreditam no que dizem, ninguém pensa no que faz e poucos fazem o que pensam. 98º) É exemplar praticar o apostolado do estoicismo... e cultivar sempre a renúncia às regalias efêmeras. 99º) Era uma pessoa tão intensamente boa que sua vida foi um exemplo de bem-querer. 100º) O falso intelectual vive sempre à margem do abismo da sua enciclopédica ignorância. 101º) O companheiro leal está sempre comprimido pela exigência do espartilho do seu bom caráter. 102º) Tinha um extraordinário talento para descobrir coisas e uma péssima análise para interpretar as pessoas. 103º) Era uma pessoa tão culta que acabou morrendo asfixiada pela sua erudição. 104º) Você pode derrotar o caluniador, mas não eliminá-lo. 105º) Alguns buscam riquezas... outros são felizes com o pouco que têm. 106º) A cidadania pode perder-se pela omissão de uns, indiferença de muitos e apatia de quase todos. 107º) O livro, quando tem grandeza literária, está vestido com a roupagem da posteridade. 108º) A dignidade é uma espécie de impressão digital que os sofrimentos e as decepções não conseguem remover. 109º) Quando os méritos são induvidosos, nem a inveja de uns, nem o despeito de muitos conseguem embotar. 110º) O resultado do eletrocardiograma não registrou nenhuma alteração, a não ser o nome da pessoa amada cravado no coração.

* * *

O CRONISTA | 2012

O regime político-institucional da atual realidade brasileira

O partido político é uma instituição constitucional que se desenvolveu em todo governo representativo, com direitos e obrigações legais, visando a promover e desenvolver a atuação política e, sobretudo, conquistar o poder, que é o problema central da ciência política.

Os partidos políticos nem sempre trazem diferença bem definida de opinião de um para o outro, verificando-se essa característica entre eles, muita vez, apenas nas alas liberal ou progressista e conservadora que militam em seus quadros.

No entanto, qualquer que seja a ala prevalente e por maior que seja a diferença entre os seus membros, no tocante a esta ou aquela política, o objetivo visado pelo partido político é, repita-se, a conquista do poder.

Do que me tem sido possível observar – sem que nisso possa haver alguma afetação de cientista político – os partidos brasileiros poderiam assim ser decompostos: a) de direita; b) de centro; c) de esquerda.

Ao longo das últimas décadas, em que pese a existência de um grande número de partidos, uns sem maior projeção eleitoral, nenhum deles primou por ter definido o seu conteúdo de classe. A verdade é que, ao ser feito um exame mais acurado, nota-se que dão eles a ideia de terem sido formados para representar os interesses especiais de respectivos grupos, considerada a possibilidade de proporcionar melhor rentabilidade aos interesses e ambições pessoais de seus integrantes, desprezando o conteúdo ideológico que pudessem ter. Os princípios gerais dos seus programas nem sempre foram seguidos ou defendidos por seus membros, limitando-se, de hábito, a cumprir as exigências da legislação eleitoral.

Algum dos seus membros, ao longo do tempo, não eram cônscios do grupo a que pertenciam, desprezando a lealdade e a formação de opinião sobre as questões políticas para se debruçarem somente sobre os seus interesses particulares, dando, como resultado, uma organização dividida.

Fácil é observar que o partido político brasileiro tornou-se, assim, para o observador de fora dos seus quadros, uma espécie de trampolim criado para o salto da partilha do espólio da administração pública, em vez de oferecer uma alternativa possível e permitir ao eleitorado uma escolha autêntica de governo.

* * *

O ARCO-ÍRIS

Meu saudoso pai, de nacionalidade portuguesa, chegou ao Brasil em 1930, com 24 anos, e veio morar aqui na cidade de Manaus. Seu primeiro emprego ocorreu no então chamado Hospício, localizado, à época, no distante bairro de Flores, onde eram tratados os doentes mentais. Seu diretor, Urbano Nóvoa – homem de impecável seriedade, honradez e muito estimado pelos seus pacientes –, de imediato dedicou-lhe amizade, ensinando-o como deveria ser a sua atuação: com paciência, dedicação e tolerância.

Ali permaneceu durante dois anos, quando combinou com o diretor Urbano a sua saída, a fim de trabalhar por conta própria. Bem mais tarde, menino ainda, ouvia eu as estórias que ele narrava, protagonizadas por aqueles que ele considerava "desvalidos da sorte". E uma delas nunca me saiu da mente.

Estavam dois doentes conversando no jardim, defronte ao prédio onde estavam hospitalizados, quando um deles disse ao outro que a sua riqueza ia tão bem que acabara de comprá-lo. O que motivou a indagação:

– E não custou muito dinheiro?

A resposta foi imediata.

– Não tenho preocupação com isso porque acabo de vender o arco-íris.

Silêncio entre os dois. Minutos mais tarde, o agora abastado querendo tomar conhecimento de como andavam as finanças do seu velho companheiro, imaginou como deveria fazer para atender à sua curiosidade. E disparou a pergunta:

– Mas tu também és muito rico, não é verdade, ou, por acaso, tens feito alguma extravagância?

Ao que o outro, meio reticente, respondeu:

– Apenas uma... acabo de comprar o arco-íris.

Infelizmente há muita gente vendendo e outro tanto comprando arco-íris.

* * *

CARNAVAL

I

E o carnaval chegou. Para alguns o termo carnaval é de origem incerta, registrando certos estudiosos que está ele relacionado com a ideia de prazeres da carne (*carnis valles* – do latim, carne e prazeres). Para outros, vem do latim medieval: *carnem levare* ou *carnelevarium*, expressão que significa a véspera da quarta-feira de cinzas, momento em que começava a abstinência da carne durante quarenta dias (séculos XI e XII), nos quais os católicos eram proibidos pela Igreja Católica de comer carne.

Outros estudiosos afirmam que o carnaval teve sua origem na Grécia, antes de Cristo, por volta dos anos 600 e 520, época em que os gregos realizavam seus cultos "em agradecimento aos deuses pela fertilidade do solo e pela produção".

Por sua vez, existe uma corrente que ressalta que a chamada festa carnavalesca, como comemorada pela Igreja Católica, só ocorreria em 590 anos depois de Cristo, e a esse período se dava o nome de "adeus à carne".

Nessas divergências há, ainda, os que colocam em relevo que "a própria origem do carnaval é obscura", com as suas primeiras manifestações na Antiga Roma, com muita orgia, tudo em homenagem ao deus Bacchus, patrono do vinho, e que duravam sete dias, não só nas praças como nas casas romanas.

No entanto, já em relação ao denominado carnaval moderno, todos concordam que o principal modelo exportado que correu o mundo é atribuído à cidade de Paris, e no qual se inspirou o do Rio de Janeiro.

Curiosamente, o carnaval brasileiro também copiou da Itália alguns modelos de suas fantasias clássicas, tais como o pierrô, o arlequim e a colombina, a tal ponto que em derredor delas foram compostas marchinhas carnavalescas de amplo sucesso e que até hoje são ouvidas e cantadas pelos foliões Brasil afora.

* * *

II

Meus pais, de origem portuguesa, falavam a seus filhos sobre o entrudo, palavra que soava de modo estranho para nós, crianças. E acrescentavam que o entrudo tinha sido trazido para o Brasil pelo colonizador português, e nada mais era do que uma brincadeira grosseira e violenta, que consistia nas pessoas atirarem água, vinagre, pó de cal, limões feitos de cera, tudo resultando numa verdadeira sujeira.

Claro que eles não demonstravam nenhuma aprovação ao entrudo, bem diferente do sapateiro português que ficou conhecido como Zé Pereira, que animava as festas carnavalescas, no século XIX, ao som de tambores e outros instrumentos de som. E a repercussão era tão grande que aprendemos a cantar uma marchinha que começava dando vivas ao Zé Pereira.

Ainda rapazolas, acompanhávamos nossos pais à avenida Eduardo Ribeiro, a fim de assistirmos ao corso, que era uma passeata de carros e caminhões ornamentados, com moças e rapazes de famílias conhecidas, que arrancavam aplausos da multidão que se aglomerava nas calçadas.

Mais tarde, já engravatados, frequentávamos as festas que marcaram tradição: a de sábado de carnaval, no Ideal Clube (traje a rigor); a de segunda-feira, no Rio Negro Clube (também a rigor); e a do Olímpico Clube, mais popular, com a sua famosa Camélia. Tudo isso foi ficando para trás.

Hoje, as grandes atrações são as escolas de samba – em notáveis desfiles –, não só na nossa Manaus como em todo país, que levam alegria a milhões de brasileiros.

Espero que todos tenham passado o carnaval com muita paz e alegria, e, por oportuno, informo aos interessados que o carnaval vindouro, de 2013, será no dia 12 de fevereiro (terça-feira) e a Páscoa, 31 de março (domingo). Aliás, o ano em que nasci, o dia caiu num domingo de Páscoa.

* * *

FORO PRIVILEGIADO: REDUÇÃO

O deputado federal Miro Teixeira, do PDT do Rio de Janeiro, está se mobilizando no sentido de apresentar uma proposta de emenda constitucional que termine com o foro privilegiado dos políticos que cometem crime contra a administração pública.

A proposta (ele foi Constituinte de 1988) dá nova redação ao inciso XLIV, do artigo 5º, da Constituição Federal: "Constitui crime inafiançável e imprescritível a ação de grupos armados, civis ou militares, contra a ordem constitucional e o Estado Democrático", ao incluir também os "crimes praticados contra a administração pública a que sejam cominadas penas de reclusão, vedada, nesses casos, a prerrogativa de foro especial".

O desafio a ser enfrentado não é de pequena monta, sobretudo por estarem os seus próprios colegas deputados entre as autoridades favorecidas pelo foro privilegiado.

A Emenda Constitucional nº 35 (Diário Oficial da União, 21.12.2001) deu nova redação ao art. 53 da Constituição Federal, ao estabelecer que "os deputados e senadores são invioláveis, civil e penalmente, por quaisquer de suas opiniões, palavras e votos", eis que a redação anterior não falava em civil e penalmente.

Também a Emenda Constitucional nº 35 alterou o parágrafo 1º do art. 53 ao declarar que "os deputados e senadores, desde a expedição do diploma, serão submetidos a julgamento perante o Supremo Tribunal Federal", uma vez que a redação anterior tratava na Seção do Supremo Tribunal Federal (art. 102, inciso I, alínea 6) que os membros do Congresso Nacional seriam processados e julgados, originariamente, nas infrações penais comuns.

Ora, é sabido que, com o passar do tempo, a inviolabilidade das opiniões, palavras e votos passou a ser confundida com impunidade, fazendo com que os infratores da lei buscassem um mandato parlamentar para ficarem ao abrigo de qualquer condenação. O que é mais grave: essa impunidade é garantida aos que lesam o patrimônio público.

É, pois, imensamente salutar que se ponha cobro no abuso daqueles que confundem garantias constitucionais para a função pública com a corrupção pessoal que se alastra à custa dessa impunidade.

O bom começo é a ficha limpa. Agora, só nos resta torcer para que saia vitorioso o movimento pela redução do foro privilegiado.

* * *

CHURCHILL

I

Acompanho, com tristeza, o que assola o chamado Velho Mundo – ou a outrora encantadora Europa –, com vários países a sofrer uma crise que espanta a todos. É que, antes, símbolo de um soberano desprezo pelos países em desenvolvimento, hoje amargam a humilhação de um indisfarçado estado falimentar, eis que desacreditados na sua total recuperação.

A falta de um autêntico líder nesse panorama crítico tem me levado a relembrar a figura de Churchill. Sim, de Winston Churchill, sobre quem, de certa feita, lendo um trabalho da escritora inglesa Dorothy Thompson, nele encontrei a afirmativa, em tradução literal: "Seria impossível imaginar o mundo sem ele."

Nascido em novembro de 1874 (faleceu em Londres, no dia 24 de janeiro de 1965, aos 91 anos), aos 26 anos tornou-se membro do Parlamento inglês, onde se destacou como fluente orador e manifestou seu fascínio por assuntos militares, os quais tinham suas raízes fincadas na sua meninice em Dublin, uma vez que seu avô fora vicerei da Irlanda e levara o seu filho como secretário particular.

Oriundo de família aristocrática, exerceu cargos de relevo durante várias décadas, mas foi durante a sua atuação na Câmara dos Comuns que alcançou respeitabilidade. E, através de discursos com críticas violentas ao nazismo alemão, conclamava o governo britânico no sentido de investir recursos na sua militarização, pois previa a probabilidade de um ataque da Alemanha e o temor de que o país não estivesse preparado para a guerra.

Curiosamente, a sua previsão se concretizou. E ela foi uma das principais razões que o levaram a ser eleito primeiro-ministro após a invasão da Polônia por Hitler, em 1939, dando inicio à Segunda Guerra Mundial.

Assim é que, em função do Tratado de Defesa Mútua assinado com a Polônia e orientando por Churchill, a Inglaterra declarou guerra à Alemanha. Os bombardeios alemães aéreos sobre Londres encontraram em Churchill uma oratória tão notável, tão escorreita, que nela pedia ele a coesão dos seus conterrâneos, a fim de que o povo pudesse reconstruir durante a noite os estragos feitos durante o dia.

* * *

II

Contam os biógrafos que Churchill não se ausentava do prédio onde tinha um escritório muito simples, sem nenhum luxo ou conforto (o banheiro, inclusive, era localizado fora do quarto onde dormia), alimentava-se mal e fumava exageradamente, um charuto após outro. Aliás, os seus gozadores diziam que o "fog" (nevoeiro) londrino era, na verdade, as baforadas dos seus charutos.

Meticuloso, foi o grande artífice – senão o maior – da vitória na Segunda Guerra Mundial, o que – estranho paradoxo – não lhe propiciou a vitória eleitoral, eis que o seu partido (Conservador) perdeu as eleições para o Partido Trabalhista, cujo líder se tornou, em 1945, o primeiro-ministro.

Obstinado, não desanimou nem esmoreceu. Em 1951, a vitória do seu partido nas eleições desse ano o trouxe de volta ao cargo de primeiro-ministro, então com 76 anos.

Era o reconhecimento da sua notável e insuperável atuação durante a Segunda Guerra Mundial, como chefe de governo, cargo que desempenhou por duas vezes, o que lhe valeu ter sido o único primeiro-ministro a receber o Prêmio Nobel de Literatura e o primeiro Cidadão Honorário dos Estados Unidos da América do Norte, homenagem a ele prestada pelo presidente John Kennedy e à qual não pôde comparecer dado o seu já precário estado de saúde (estava com 89 anos e foi representado pelo seu filho Randolph).

Antes, no entanto, quando completou 80 anos, uma repórter, após vários elogios durante a entrevista, tentou embaraçá-lo com uma pergunta inesperada, ao indagar se ele já estava preparado para o seu encontro com Deus.

Após um longo carinho no seu charuto, virou-se para ela e, sorrindo, respondeu.

– Preparado, minha filha, estou há muito tempo. Espero que ele não me chame tão cedo.

Anos depois, aos 91 anos, não faltou à audiência para a qual se preparou. E, assim, com a sua partida, a lista de orfandade de estadistas se ampliou, em demasia.

JOSÉ BERNARDO CABRAL é advogado. Presidente do Conselho Federal da Ordem dos Advogados do Brasil (1981/1983). Membro da Academia Amazonense de Letras (09/02/1983). Relator-geral da Assembleia Nacional Constituinte (1987-1988). Presidente da Comissão de Relações Exteriores da Câmara dos Deputados (1989). Ministro de Estado da Justiça (15/03/90 a 09/10/90). Senador, presidente da Comissão de Constituição e Justiça do Senado Federal (1997/1998 e 2001/2002). Consultor da Presidência da Confederação Nacional do Comércio, a partir de 1º de fevereiro de 2003). Doutor Honoris Causa da Universidade Federal do Rio de Janeiro – UNIRIO (maio 2005). Doutor Honoris Causa da Universidade Federal do Amazonas – UFAM (março/2009). Membro da Academia Internacional de Direito e Economia (abril/2010). Membro da Academia Brasileira de Filosofia (março/2012).

Impressão e acabamento: Edigráfica